ENTRE

LES ALPES ET LES CARPATHES

PAR

L'abbé Lucien VIGNERON

Du clergé de Paris

MEMBRE DE LA SOCIÉTÉ DE GÉOGRAPHIE

OFFICIER D'ACADÉMIE

DELHOMME ET BRIGUET, ÉDITEURS

PARIS

13, RUE DE L'ABBAYE

LYON

3, AVENUE DE L'ARCHEVÊCHÉ

ENTRE

LES ALPES ET LES CARPATHES

LES ALPES ET LES CARPATHES

I

DE LANGRES A MUNICH

Langres, vieille ville gauloise et épiscopale. — Pauvre Lorraine! Pauvre Alsace! — Strasbourg allemand. — La frontière. — A *Augsburger Hof*. — Gaieté. — Munich vraie capitale. — Questions d'art. — Les brasseries.

Sur la route d'Allemagne, chemin de fer de Paris à Belfort, il n'est peut-être pas une ville aussi intéressante que Langres, la vieille capitale des Lingons. Certaines petites cités de Bretagne et de Normandie sont bien pittoresques; bien des villes du Midi sentent bon le moyen âge, sous leur poussière et leurs coups de soleil; toutes ont eu leur poète et leur historien; toutes ont fourni au peintre de jolis coups de pinceau; qui le croirait? on a oublié nos villes des provinces de l'Est; Langres est méconnue ou inconnue. Passant par là, pour aller bien plus loin, j'ai voulu en dire un mot.

On voit la ville en arrivant à la gare, mais elle n'est pas tout près; les yeux vont la chercher tout au haut du rocher, où elle s'est campée comme un nid d'aigles. Beaux remparts, certes! et qui rappellent une autre époque; ils sont flanqués aux quatre coins de quatre belles tours : la tour Saint-Fergeux, la tour Piquante, ainsi appelée sans doute parce qu'il y règne un vent fort piquant, la tour Saint-Didier, la tour de Navarre, du XIIe ou XIIIe siècle, conservée par Vauban, qui fortifia Langres, et convertie en poudrière par le génie actuel.

Le dôme que vous apercevez là, à votre gauche, c'est l'église de l'hôpital; montons! et ne prenons point l'omnibus surtout, cela gâterait le coup d'œil; allons à pied, par ce chemin en escaliers, à travers les champs bordés de troènes et de sureaux qui embaument. Il y a bien six ou sept portes de ville : la porte Desmoulins, la porte Neuve, la porte du Marché-aux-Porcs, la porte du faubourg de Sousmurs renfermé dans le rempart, Longe-Porte, percée de nombreuses meurtrières, la porte Gallo-Romaine. Inclinons-nous ici! C'est un arc de triomphe dont on ne connaît pas la date; plusieurs prétendent que le grand César lui-même fit construire ce monument; d'autres disent qu'il est de l'époque des Antonins, il est actuellement enclavé dans les murailles et très bien conservé. Pendant que nous le considérons à main gauche, nous nous trouvons sous la porte Bouillière. On n'est qu'à demi rassuré en passant sous ces voûtes : Eh! mon Dieu, se disait un jour, en entrant là, une mienne proche parente, Parisienne peu habituée à autre chose qu'au boulevard, va-t-on me renfermer dans cette prison, et le lourd pont-levis ne se relèvera-t-il point derrière moi avec son grand fracas de ferrailles et ses grincements de chaînes, pour ne plus retomber jamais?

Sur trois personnes, à Langres, un militaire: depuis la dernière guerre, c'est décidément une

ville forte, et on pourrait supposer qu'on se trouve
en campagne et que l'ennemi va arriver là tout
à l'heure. Les fortifications actuelles sont du
temps de Louis-Philippe, excepté toute la partie
sud, du côté de la citadelle, qui est de Vauban.
Quand on se promène sur le rempart, de quelque
côté que l'on regarde on voit un fort; il y en a huit,
à dix-huit kilomètres de la ville. La vue s'étend
très loin sur une quinzaine de villages, on aperçoit la chaîne des Vosges, le Jura, et quand il
fait beau, au lever du soleil, le mont Blanc.

Après la porte Bouillière, c'est la rue Morlot;
l'archevêque est né dans cette rue, et Henri IV y
coucha une nuit pendant les guerres de la Ligue,
dans une maison de style Renaissance, aux pla-
fonds à caissons et aux armes de Diane de Poitiers; la façade est sur le jardin, allez la voir;
mais ne faites pas comme les Anglais irrévéren-
cieux qui, pour satisfaire leur curiosité intem-
pestive, mettent en révolution le pensionnat
Nigond, installé dans l'historique hôtel.

Diderot aussi est né quelque part dans les
environs; une plaque indicative vous le dira, et
on va lui élever une statue. Visitez le musée, le

plus riche de France en antiquités gallo-romaines; la cathédrale Saint-Mammès, gothique du xiie et du xiiie siècle, avec une façade romane et ses colonnes du chœur, qui sont celles d'un temple de Jupiter, dit-on. Faites une provision de coutellerie; c'est l'industrie du pays; et enfin ne manquez pas de jeter un coup d'œil sur les campagnes d'alentour, elles le méritent.

D'abord l'admirable promenade de Blanche-Fontaine; si on fait de la musique, rappelez-vous que c'est celle du 21e, le beau 21e de la *Fille du régiment;* voyez la *Grenouille* et son bassin champêtre et l'inscription de la fontaine : elle est gentille et sait parler aux conseils municipaux :

Naiades inter tollo superba caput ;
Rustica sum tamen, at superi si vota secundent,
Civis ero, urbsque meis tota virescet aquis.

Voyez la fontaine des Fées et, tout au fond du trou noir, la blanche statue tenant une baguette à la main, la terreur des petits enfants. Jadis un souterrain allait de là à Saint-Geosmes, l'église des trois jumeaux langrois. Si vous poussez plus loin, à Buzon, à la pointe des Diamants, à l'Herbelotte, vous aurez l'illusion des Pyrénées; si vous alliez à la Marnotte, c'est-à-dire aux sources de la Marne, vous trouveriez des légendes et des souvenirs historiques. Sabinus, chef gaulois, s'était révolté sous Vespasien : il échoua dans son entreprise, et, craignant de tomber aux mains des Romains, il se retira dans cette grotte de la Marnotte, et fit prévenir, par un esclave, sa femme Eponine qui habitait Langres. Celle-ci, forte et courageuse, une vraie Gauloise, prend des habits de deuil et répand partout le bruit de la mort de son mari; cependant elle allait chaque nuit le visiter dans son refuge, elle finit par s'y fixer elle aussi; elle y demeura longtemps, et enfin quand ils furent découverts, saisis et envoyés à Rome, elle put se présenter un jour devant Vespasien et lui montrer deux enfants, les siens, en lui disant : « César, tu n'auras pas le courage de mettre à mort ni le lion, ni la lionne, ni surtout les lionceaux que j'ai enfantés dans les ténèbres d'une caverne! »

Oui, lecteur, en vous dirigeant là-bas vers l'Allemagne et la Hongrie, il ne faut pas manquer de vous arrêter à Langres, une bonne vieille ville épiscopale, aux rues bien propres, où la statue de la Vierge surmonte les portes, où l'on voit dans le rempart — toujours — la fente du rocher par où l'évêque Didier passa, fuyant ses ennemis, où la religion est encore en honneur. Maintenant, si comme moi vous aviez des souvenirs d'enfance et de jeunesse et des attaches de famille, si la cour du Petit Séminaire faisait battre votre cœur au souvenir des vieux maîtres et des gais compagnons de jeux, et si dans certaine maison de la place des Cours et dans certain magasin de la rue de Nevers, vous trouviez bonne et douce hospitalité, l'attrait serait plus grand encore, je ne le nie pas.

— Port d'Atelier, endroit abominable, surtout quand il y pleut et qu'on doit passer là une heure ou deux à attendre un train qui va se dirigeant sur Strasbourg; il vaut bien mieux passer par Chaumont. — Epinal, les Vosges, les forêts; on s'en aperçoit au joli uniforme des gardes généraux qui vont et viennent dans la cour de la gare. Me voici maintenant avec un compagnon, un gros inspecteur de chemin de fer; très brave homme, fort aimé de ses subalternes qu'il interpelle à tout moment par la portière, pas communard du tout. Il me raconte ses prouesses pendant la dernière guerre; il a presque sauvé un corps d'armée en renversant une machine sur la voie, ce qui a empêché l'ennemi de passer; il a vu de près les chemises rouges et Garibaldi l'a dégoûté. Il me fait admirer les quais militaires, parle de la revanche, et, mêlant la politique à la stratégie, affirme que les Vosgiens ne sont pas tant radicaux que cela.

— Avricourt, belle gare allemande; les salles d'attente sont spacieuses et bien installées et servent de salles de buffet; je trouve que le vainqueur a moins de morgue qu'autrefois; l'employé préposé aux billets daigne vous parler en français, ce qui ne se faisait pas il y a cinq ou six ans; il fallait apprendre sa table des monnaies et comprendre le jargon teuton : *Vœ victis !* Chose peu facile du reste pour les Français, qui ne sauront jamais les langues; donc, l'Allemand a fait un pas vers nous; le chef de train ouvre la portière du wagon, touche poliment la visière de sa casquette, et nous adresse encore la parole en bon français.

N'importe! mon cœur est triste; c'était pourtant

la patrie, ce beau pays riche, ces terres grasses et fertiles, ces routes blanches bordées de hauts peupliers qui fuient à l'horizon, ces villages aux toits rouges, aux clochers carrés, aux vergers pleins de prunes et de pommes. Et là, à gauche, voici le lieu natal, la maison paternelle, le grand étang sombre où le vieux grand-père ramait dans le bateau de pêche, et le cimetière où dorment les aïeux, toute une tribu de paysans, morts pleins d'honneur et de mérite, et de prêtres et de lévites qui furent la gloire des miens.

— Saverne, le col de Saverne ; toujours une contrée ravissante, mais toujours le même crève-cœur. C'est l'Alsace maintenant ; les plaines de Lorraine ont disparu, et voici des coteaux boisés, des maisons à pignons pointus, des jardins avec leurs clôtures de bois. Comme tout cela rappelle les livres et les descriptions d'Erckmann-Chatrian ; jusqu'à ces trois Alsaciens qui montent dans le compartiment où je suis ! Quel bon type ! figure sérieuse, accent mâle, large main, bonne pour le sabre de cavalerie ; des cuirassiers ou des carabiniers, tous ces gens-là ! et avant la guerre, c'était le meilleur de nos troupes de grosse cavalerie que

nous tirions d'ici; hélas! hélas! Nous passons à
Detwiller, au clocher élancé et aux maisons bourgeoises. La nuit vient, la pluie tombe; un temps
de sommeil; nous allons arriver à Strasbourg.

Je me dirige vers l'hôtel d'Angleterre; *Englischer Hof, gegenüber dem Bahnhof, Restauration zu
jeder Zeit*. Ainsi c'est en face de la gare et on y
mange à toute heure. Voilà bien mon affaire; mais
j'ai hâte de sortir un peu pour revoir ma pauvre
vieille ville. Strasbourg a toujours été allemand;
de langue, veux-je dire : je me rappelle que tout
enfant, en me promenant avec ma mère par les
rues et les places de la ville, je voyais les petites
Strasbourgeoises sauter à la corde en criant: *Ein!
zwei! drei!* Les boutiquiers parlaient allemand,
les bonnes au marché parlaient allemand, à
l'hôtel aussi, partout; mais si vous parliez français, on vous répondait et on continuait la conversation en cette langue; entre nous, l'idiome
n'y faisait rien, on sentait la communauté d'idées,
de sentiments, de caractère, la patrie! On voyait
le joyeux visage de nos soldats, on admirait la
bonne tournure et la jolie taille de nos apprentis-
chirurgiens, on entendait les lazzis du petit fan=

tassin et la grosse réplique du pesant cavalier.
Quel coup de soleil sur la grave cité! et comme
jamais on n'aurait pu penser ceci : voilà d'autres
gens que nous !

Je m'en vais par la ville, et mon impression
est que c'est bien fini; tout est germanisé dans le
détail et par le menu; je demande mon chemin
en français, on semble ne point comprendre; dans
l'autre langue, je suis sur leur terrain. Les rues
sont mal éclairées, les réverbères rares; il pleut,
la ville semble pleurer. Par la place Guttemberg et
une longue galerie à arcades surbaissées, j'arrive
à la cathédrale, décorée d'innombrables sculptures et des statues équestres de Clovis, Dago-
bert et Louis XIV. Voilà pourtant des noms bien
français. Et combien j'admire la flèche fameuse,
haute de 142 mètres! Un gardien me dit qu'on paie
pour monter sur la plate-forme 12 *pfennigen*, aux
deux tiers de la flèche 40, au sommet 1 *marc* et
plus; il faut aussi aller chercher une carte qu'on
ne vous donne qu'à l'hôtel de ville (*Rathhaus*). Mon
Dieu! puisqu'il faut tant de choses germaniques,
je me passerai de la vue magnifique qui s'étend
sur la forêt Noire et la chaîne des Vosges.

En revenant à l'*Englischer Hof*, je trouve la place Kléber, encore un des nôtres, celui-là ! Mais le souvenir des gloires nationales est vite envolé quand j'approche du poste militaire voisin. Devant la porte se promène mélancoliquement une pauvre sentinelle, un jeune soldat, sans doute, un annexé autant qu'il me paraît. La pluie qui tombe a mouillé les fusils du poste, rangés en ligne sur un petit râtelier devant la guérite du factionnaire, et le malheureux a oublié de prévenir son supérieur. Celui-ci apparaît bientôt. C'est un sergent dans la force de l'âge, une figure terrible avec de formidables moustaches ; quels cris ! quelle tempête ! Rien que la prison n'était capable d'expier un pareil forfait, on le fit bien voir au soldat coupable.

Encore ici ce n'étaient que des injures, mais il paraît que souvent elles sont accompagnées d'arguments plus *touchants*, les sous-officiers allemands, prussiens, bavarois, savent manier le bâton ou se servir de leurs poings ; j'en ai eu des preuves pendant la guerre. Aussi quelles craintes et quelles angoisses chez nos pauvres conscrits lorrains ou alsaciens quand ils s'apprêtent à rallier leur corps! Il y en a qui perdent l'appétit et le sommeil.

On ne les bat point toujours cependant, mais ils mènent une rude vie au fond des provinces reculées de l'empire. Écoutez les confidences de l'un d'eux : « Nous nous levons tous les jours à 4 heures 1/2 et nous faisons notre toilette et celle de la chambrée. A 7 heures, nous sortons de la ville et nous allons dans les forts, où l'on nous fait la théorie de 7 heures 1/2 à 8 heures 1/2 ; puis l'exercice de 9 heures à 11 heures. Après nous retournons à la caserne, nous nous déshabillons, nous allons chercher notre dîner à la cuisine, nous dînons, nous reprenons nos vêtements, et nous retournons à l'exercice de 2 heures 1/2 à 4 heures. De 6 à 7 heures nous travaillons dans nos chambres. Quand je dis qu'on nous fait la théorie et l'instruction, vous pensez bien que je ne puis rien comprendre; nous sommes des exilés ici, nous Français! Il y en a un qui est comme moi, nous ne savons pas un mot d'allemand, et c'est un jeune volontaire d'un an qui est chargé de nous.

« Voilà pour le moral; quant à la nourriture,

nous prenons le matin du café sans sucre; à midi on nous donne des légumes ou du vermicelle, le soir on y ajoute un morceau de viande. Trois fois par semaine nous avons huit pommes de terre et la moitié d'un hareng. »

On a ainsi la vie de garnison prise sur le fait; la vie du soldat allemand, alsacien ou lorrain. Et ceux-ci finissent par s'y habituer, il le faut bien!

A l'hôtellerie, je dois, bon gré, mal gré, faire la conversation avec un vieil Anglais, très gracieux, qui se montre très communicatif, à l'encontre de tous ses compatriotes. Je déjeune en sa compagnie, et puis..... à la gare!..... Je prends mon billet directement pour Munich, où j'arriverai le soir même par le train-poste *(Schnellzug)*, le train qui va vite et ne s'arrête guère. Deux rencontres : au guichet des billets, une jeune diaconesse bien enlaidie par un chapeau Directoire ou Restauration, en retard de 80 ans, que ses congénères arborent sans rougir — une diaconesse ne rougit jamais; — dans le wagon, un jeune Polonais très doux, à la mise débraillée, aux souliers éculés, qui me donne avec empressement les renseignements que je lui demande sur la route à venir.

Nous traversons la plaine qui s'étend jusqu'au Rhin ; dans l'île Desaix, les soldats prussiens s'exercent au tir à la cible. Non, vraiment ! cela fait trop mal au cœur de se dire qu'ici nous ne sommes plus chez nous, et que nous avons perdu ce joyau de notre couronne, qu'on appelle l'Alsace.

Car l'Alsace était une pierre précieuse, qu'on y réfléchisse bien ! Une étendue de territoire de 200 kilomètres de long sur 40 de large, couverte selon la nature du terrain, de bois, de céréales ou de vignobles ; peuplée, selon le dernier recensement fait par les Français, de plus d'un million d'habitants, au caractère sérieux et intelligent, à l'esprit libre et indépendant, aux mœurs honnêtes, aux habitudes laborieuses.

Sans doute, le cinquième de la population appartenait à la réforme allemande ; 36,000 juifs faisaient là ce qu'ils font dans tout le pays allemand et slave, l'usure et la spéculation au grand détriment des chrétiens qui se laissent toujours gruger ; mais quelle était la province de France qui pouvait lutter avec l'industrie alsacienne, avec Colmar, Mulhouse, Cernay, Guebwiller, Logelbach? Filatures, fabriques de toiles peintes, de tissus

divers, de produits chimiques, de métallurgie
de papeterie, de tannerie faisaient la richesse du
pays et des régions d'alentour. Les sociétés éco-
nomiques et industrielles venaient au secours de
l'ouvrier; les écoles professionnelles répandaient
partout l'instruction; avec cela une exploitation
agricole très prospère, pas une parcelle de terrain
qui fût inculte, et le sol porté, grâce au labeur
de l'habitant, à son maximum de production (1),
et on comprendra qu'il faut pleurer l'Alsace avec
des larmes de sang.

Nous traversons le Rhin, nous sommes dans le
grand-duché de Bade et à Kehl; c'est une jolie
gare et je suis frappé de sa propreté coquette, en
même temps que j'ai le bonheur d'apercevoir au
vol deux ou trois costumes de la forêt Noire;
voilà une chance inespérée; mais, j'ai bien devant
moi un paysan en culotte et en gilet à larges boutons, et deux paysannes avec des coiffures aux
rubans de soie exagérés — le bonnet alsacien dix
fois grossi — et des jupons rouges surmontés de

---

(1) Voir *Études statistiques sur l'industrie de l'Alsace,* par Ch.
Grad, député au Reichstag, et la *Situation économique de l'Alsace,*
par J. Clavé, *Revue des Deux Mondes,* 1er nov. 1882.

corsages brodés. Notre wagon est complet, vu la mauvaise habitude des chefs de train allemands qui ferment tous les compartiments à clé et ne les ouvrent qu'au fur et à mesure qu'ils se remplissent. Mes compagnons sont des Anglais pour la plupart; il y a aussi un Français qui s'en va à Vienne où il est attaché à une maison de commerce depuis deux ans; il ne sait pas un traître mot d'allemand et me dit tout de suite et confidentiellement : « J'en ai assez des voyages et de Vienne, une ville où tout le monde se couche à 10 heures; non, il n'y a que Paris! » Comme c'est bien ça.

Le chemin de fer se dirige vers l'est jusqu'à Appeinweier. Arrivé là, il monte brusquement vers le nord, laissant à droite toute la partie septentrionale de la forêt Noire; il passe à Rastatt et arrive à Karlsruhe. Belle contrée; d'un côté, la large vallée du Rhin, de l'autre les montagnes; et je ne puis m'empêcher de penser encore que dans toutes ces stations, proprement alignées sur la voie, qu'aux fenêtres de ces maisons aux toits aigus ou avancés, aux balcons en bois découpé, escaladés par des guirlandes de lierre et de volubilis mêlés, un peuple innombrable accourait, il y a douze ans, pour crier aux soldats marchant sur nous : « Enfants de la grande patrie allemande, souvenez-vous d'elle ; écrasez l'ennemi héréditaire et revenez-nous vainqueurs ; nous vous acclamerons encore. Allez avec Dieu, pour le roi et pour la patrie, *mit Gott, für König und Vaterland !* Ce sont bien ces mots-là que nous lisions partout sur leurs armes et leurs équipements pendant les jours néfastes et sanglants, et un officier prussien put une fois dire à des soldats français qu'il venait de faire prisonniers, comme ils se chauffaient avec le bois d'une croix : « Voilà où vous la mettez! » Et montrant la croix de son shako : « Voilà où nous la mettons! » Si au moins nous avions profité de semblables leçons, nous n'aurions plus peur d'eux, j'en réponds!

Une brillante fanfare de cavalerie qui passe, salue notre train à l'arrivée à Karlsruhe qui me paraît une jolie ville; une foule d'étrangers et de touristes encombre les salles et les quais de la station. A partir d'ici la voie ferrée va se dirigeant vers le sud-est jusqu'à Munich. On laisse au nord Heidelberg, Mayence, Francfort, Würzbourg et la Hesse, et passant par Pforzheim, on

entre dans le Wurtemberg et on arrive à Stuttgard
au milieu d'un site délicieux, de collines boisées,
de parcs et de villas de toute sorte. D'ici à Munich maintenant nous allons aller vite; il n'y a
plus qu'Ulm avec sa cathédrale, la plus grande
église gothique d'Allemagne, après celle de Co-
logne, et Augsbourg, où il n'y a rien à voir, me
disait un ami facétieux, si ce n'est la fameuse
confession. Quand j'arrive à Munich, il est 10 heures du soir, et je suis moulu, brisé, anéanti par
un terrible mal de tête; heureusement qu'un
autre ami est là, le compagnon de voyage qui ne
va plus me quitter de longtemps, je tombe dans
ses bras et me laisse conduire sans résistance à
Augsburger Hof.

C'était un très bon hôtel, pas loin de la gare
et à proximité des beaux quartiers. Je m'avisais
qu'on nous traitait avec une grande déférence, et
comme je me creusais l'intelligence pour savoir
la raison de tous ces honneurs, je sus bientôt par
mon bon compagnon qu'il avait jugé à propos de
se faire passer pour un docteur d'une faculté quelconque; du coup j'étais éclairé; un docteur n'est
pas grand'chose en France, mais celui qui accole

cette épithète à son nom à l'étranger, et surtout en Allemagne, sera considéré bientôt comme un demi-dieu.

Une truite saumonnée, un verre de cette incomparable bière qu'on ne boit qu'ici, et une bonne nuit m'avaient remis sur pied ; le lendemain j'étais frais et dispos. Nous allâmes faire nos dévotions à l'église prochaine, une vaste chapelle de confrérie. C'était toujours l'Allemagne, mais enfin un pays catholique. Nous fûmes fort bien accueillis par un chapelain déjà d'un certain âge, qui venait de dire sa messe, et nous apparaissait en redingote longue et en chapeau de soie. Les observations et les remarques qui succédèrent à cette réception cordiale étaient tout à fait propres à nous plonger dans de douces joyeusetés, malgré la sainteté du lieu. Les ecclésiastiques qui se trouvaient là portaient des costumes invraisemblables ; il en vint un qui avait revêtu un paletot frisant de près le veston ; quant aux coiffures, elles affectaient toutes les formes, mais la barrette des célébrants était un véritable monument. Le plus drôle, c'était l'accoutrement des enfants de chœur, qui, par économie sans doute, mettaient sous leurs surplis, en guise de soutanelle, un petit jupon noir... et ainsi de suite. En visitant l'église, après la messe, j'ai bien compris pourquoi les bannières suspendues çà et là avaient trois bâtons : c'est pour les porter à trois, dans les processions ; mais je m'imagine difficilement comment on a, en guise de chemin de croix, attaché aux murailles une douzaine d'immenses tableaux, représentant de beaux paysages et de splendides châteaux. La seule chose qui sanctifie ces peintures omnibus est un tout petit coin du ciel où l'on voit paraître une sainte Vierge microscopique entre deux nuages lilliputiens.

Quoi qu'il en soit, il y a de la piété à Munich, qui tire son nom des moines et porte un moine dans ses armoiries, en souvenir de sa fondation. Les Bavarois sont religieux, et c'est un grand honneur et un grand bonheur pour un peuple de pouvoir ainsi manifester sa foi, sans respect humain. Ce que j'avais vu déjà en Espagne ou à Naples, je le voyais de nouveau ici : des gens qui priaient dans la rue devant une croix, le saint Sacrement porté ostensiblement aux malades, les cochers soulevant leur chapeau et se signant en passant devant les églises.

Notre-Dame est l'église métropolitaine — du style gothique tertiaire, xv° siècle ; ses deux tours en briques s'élèvent à une grande hauteur ; elles sont terminées par des coupoles disgracieuses ; mais ceci n'est point particulier à l'édifice ; déjà a veille, en traversant la campagne bavaroise, j'avais été frappé de la forme des clochers de village ; c'est toujours une tour haute, élancée et coiffée au sommet d'une petite coupole, qui la fait ressembler de loin à un minaret turc. On est, dans la cathédrale, tout aux préparatifs de la procession de la Fête-Dieu ; on a coupé des arbres entiers qu'on dispose le long des murailles et des piliers ; nous voyons aussi déployer de magnifiques bannières. Devant le chœur s'élève le tombeau de l'empereur Louis V de Bavière gardé par quatre chevaliers, un genou en terre et tenant en main des étendards. Je remarque la forme des autels qui ont des rétables à volets peints ou non peints, ce qui ressemble un peu à de vulgaires armoires ; je copie l'inscription du tombeau d'un conseiller aulique :

O vos omnes qui transitis
Et mortis horam nescitis,

Sistite per Momentum si placet:
Marcus Christophe L. B. de Mayr hic jacet

. . . .

Et defunctorum memor esse dignare,
Jus talionis certo expecturus
Dum quod illi sunt et tu es futurus.

La cathédrale possède des fenêtres immensément longues et hautes et de jolis vitraux ; mais allons sous l'orgue ; à un certain endroit il y a sur le pavé l'empreinte d'un pied ; plaçons-nous là, comme un petit enfant le ferait ; immédiatement nous ne voyons plus aucune des trente fenêtres de l'édifice.

Après la cathédrale, visite à l'*église des Théatins* dans *Theatiner Strasse,* où nous admirons de beaux étalages ; l'église, du xviie siècle, possède une haute coupole et deux tours ; on y voit le caveau royal et plusieurs bons tableaux ; en entrant, à droite, nous nous arrêtâmes un instant devant une peinture qui représente sainte Agathe et sainte Cécile, un mélange de Ribeira et de Watteau ; la première des deux saintes est mutilée d'une façon par trop réaliste ; sainte Cécile ressemble à une marquise de Pompadour. Du reste, nous sommes en plein quartier de l'art : devant la façade de l'église commence la rue Louis (*Ludwigstrasse*), et de l'autre côté, voici la galerie des Généraux, bâtie sur le modèle de la Loge des Lances de Florence; tout à côté le Palais-Royal. Des soldats passent en escadron serré; ce sont des dragons, des gendarmes peut-être, et je me dis que si Victor Tissot les voyait se balancer dans leurs tiges de bottes, moins que jamais il éprouverait l'envie de faire leur connaissance. Une voiture vient derrière, elle est escortée par un cavalier; tous arrivent certainement du Bois qui est voisin, et nous devons avoir sous les yeux des dames de la cour. Tout à coup, en sens inverse, débouche un autre cavalier. Un balayeur de la rue laisse échapper son instrument des mains, retire sa casquette et se met au port d'armes. Nous courons à lui : « Qui est-ce? demandons-nous aussitôt : *Wer da? — Der Prinz !* » répond-il d'un air majestueux.

Nous entrons à la *Résidence,* c'est le nom du palais; ce qu'il faut voir là, c'est la partie du monument appelée *Kœnigsbau,* donnant sur la place Max-Joseph, et qui renferme les magnifiques fresques des *Nibelungen* de J. Schnorr. On doit aussi aller un peu plus loin, à l'*église Saint-Louis (Ludwigskirche),* pour y admirer le *Jugement dernier,* la plus grande fresque de Cornelius; elle est haute de 18 mètres. Pendant que nous y étions, précisément, nous vîmes rentrer deux prêtres, en surplis et en étole, qui venaient de porter le saint Sacrement à des malades; plusieurs personnes les accompagnaient avec des cierges allumés, en donnant de grandes marques de respect.

Au bout de cette superbe rue Louis, qui m'a paru pourtant un peu solitaire et trop poussiéreuse, on a élevé un arc de triomphe, reproduction exacte de celui de Constantin à Rome; on le nomme porte de la Victoire; mais prenons à gauche et longeons l'Université et le Séminaire, rendons-nous à la fameuse *Pinacothèque*.

On sait qu'il y en a deux : l'ancienne et la nouvelle; ces deux musées sont la gloire artistique de Munich, et quand on a vu les musées d'Italie, de France, d'Espagne et de Belgique, pour compléter l'histoire de l'art il est nécessaire de venir dans la capitale de la Bavière.

Ce que je préfère dans la nouvelle Pinacothèque, ce sont d'abord les admirables peintures sur porcelaine du rez-de-chaussée, copie des meilleurs tableaux de l'ancienne Pinacothèque; l'exécution en est parfaite. Au premier étage il y a deux tableaux d'une touche magistrale : un de Piloty, *Thusnelda au triomphe de Germanicus;* la Gauloise passant devant le trône du général romain a une expression de fierté à nulle autre pareille. L'autre, du grand Kaulbach, la *Destruction de Jérusalem;* toutes les scènes, tous les épisodes du sanglant drame historique y sont groupés avec un rare bonheur; les anges fuyant le temple, le fou qui prophétise la malédiction, les prêtres et les séditieux, la mère dénaturée qui dévore son propre enfant, l'empereur Titus à la tête de ses légionnaires.

Une salle tout entière a été réservée à l'œuvre de Rottmann, le premier des paysagistes allemands, qui a su rendre, comme peu d'autres, la beauté des sites méridionaux. On a placé ses vingt-trois tableaux tout autour, sur les murs, et on a élevé au centre de la salle un plafond s'appuyant sur quatre rangées de colonnes; le jour venant d'en haut glisse entre la muraille et le plafond inférieur et éclaire parfaitement les tableaux, dont tous les sujets sont empruntés aux campagnes de la Grèce moderne, et pré-

sentés sous des teintes crues de diverses couleurs.

J'admire beaucoup, en sortant, une petite
nature morte, grande comme la main, représentant un verre de bière et un bout de cigare, sur
le bord d'une table. Deux autres visiteurs la
regardèrent longtemps : c'était un blond pasteur
protestant, donnant le bras à une diaconesse, en
chapeau toujours impossible, en châle bleu et en
gants de peau.

Quant à l'ancienne Pinacothèque, on y trouve
des merveilles; c'est, avec Anvers, le meilleur
endroit pour étudier Rubens; Raphaël et le Titien
sont bien représentés; Murillo y a ses délicieux
Mendiants; Ribeira sept ou huit toiles; Zurbaran
deux; voilà des richesses incomparables.

La *Basilique* (Saint-Boniface) est ainsi appelée
à cause de sa forme, c'est l'église des Bénédictins;
là aussi en mettant le pied dans l'église, nous
vîmes encore le saint viatique qu'un religieux
emportait solennellement, accompagné de deux
frères. Voilà certes un grand signe de foi; du
reste, ils semblent vivre ici en perpétuel contact
avec la sainte Eucharistie; croirait-on que nous

avons vu dans quelques églises le tabernacle du maître-autel à jour et sans porte? le ciboire est visible continuellement, et c'est ainsi une exposition et une adoration perpétuelles.

A *Marienplatz* (place de Marie), au centre du vieux *München*, la parade militaire a lieu tous les jours, à midi, entre la colonne surmontée de la statue de la Vierge et l'hôtel de ville; c'est un beau fouillis humain et un coup d'œil qui en vaut la peine. Pendant que les cuivres font rage, les beaux officiers en tunique bleue se promènent côte à côte avec les étudiants, reconnaissables à leur petite casquette, de couleurs variées, selon les corporations auxquelles ils appartiennent, et aux immenses balafres qui leur cinglent souvent la figure, résultat de leurs nombreux duels au sabre de cavalerie. Les paysans sont nombreux sur la place; on y voit des Tyroliens, au chapeau orné d'une plume et d'un ruban vert, et les bonnes femmes des environs circulent sans vergogne avec leur petite toque, brodée d'or ou d'argent, leur jupe aux mille plis réguliers et élastiques, qui ressemble à un vêtement de caoutchouc. Il n'est pas rare de voir, à ce moment-là, un homme s'agenouiller au pied de la statue et une femme tirer son chapelet. Voilà l'Allemagne catholique!

On ne peut quitter Munich sans faire un tour au Jardin Anglais (*Englischer Garten*); pour cela une voiture est utile; elle vous conduit par le *Maximilianeum*. Ce jardin anglais est un parc immense, le bois de Boulogne de Munich; on revient par le jardin du Palais-Royal, et si le cœur en dit, on s'en va visiter la *Bavaria*, une statue colossale en bronze de la Bavière, qui a 19 mètres de haut.

Après cela, on sent qu'un verre de bière sera le bienvenu, et on entre dans une brasserie. Parlez-moi de ces brasseries-là, les vraies! à côté desquelles celles de Paris sont des joujoux d'enfant ou des brasseries de théâtre. Ici de lourdes tables, des chaises massives; la salle, véritable *hall*, où l'on voit les poutres du toit, ou bien un sous-sol à voûte humide, littéralement rempli de la fumée aveuglante et suffocante des cigares et des pipes. Les tonneaux arrivent et disparaissent successivement; il en coule des torrents de bière blonde, fine, exquise, idéale, et on place devant vous des récipients d'un pied de

haut et larges à proportion, à couvercle de plomb.
Comme autour de nous personne ne rechigne, au
contraire, et qu'on avale toujours et sans cesse,
vous finissez par faire comme tout le monde.
Quant à la moralité de certains de ces endroits,
on me dispensera de dire ce que j'en pense ;
pourtant je pense que beaucoup de cafés de Paris
valent encore moins et sont plus canailles.

II

AU TYROL

Le pays et les gens changent de physionomie. — Un cou
vent français au Tyrol. — Panorama à Volders. — Excursion dans la montagne. — Orgies de verdure. — Le grand
Benedicite. — Les moines. — Inspruck. — Les Universités
d'Autriche-Hongrie.

L'intérêt du voyage s'accentue. Nous nous diri-
geons maintenant vers la frontière autrichienne,
sur le Tyrol. Jusqu'à *Rosenheim*, le pays bavarois
est plat, uniforme; mais les Alpes, que l'on voyait
à l'horizon lointain, se rapprochent sensiblement
à chaque tour de roue de la locomotive; nous voici
dans la *ville des Roses*, nom gracieux et qui lui
convient admirablement; c'est frais, ça sent bon,

c'est plein de verdure et de fleurs, l'herbe pousse
entre les pavés, les roses sont à toutes les fenêtres
des maisons. A Rosenheim la grande ligne con-
tinue sur Salzbourg et Vienne; nous nous en dé-
tachons pour prendre la ligne du Tyrol; il y a,
dans la gare, tout un système d'escaliers souterrains qui évitent les encombrements et font
troûver à chacun son train comme par enchantement.

Nous touchons du doigt les montagnes, et, re-
montant toujours sur la rive gauche de l'*Inn*, nous
traversons la frontière dans le défilé de la *Klause*.
— *Kufstein*, vieille et importante forteresse, qui
n'est accessible que d'un côté, par un chemin
escarpé et malaisé; les choses dont on a besoin
s'y hissent au moyen d'une grue. Nous descendons
au buffet, où l'on nous sert un verre de bière;
la capacité de ce vaisseau serait-elle encore plus
considérable que ce que nous avons vu jusqu'ici
en Allemagne? Peut-être, car je n'arrive pas à
voir le fond. Ce qu'il y a de curieux c'est que
les verres vont s'élargissant du sommet à la
base; absolument le contraire de ce qui se passe
ailleurs; tout cela coûte la modique somme de

5 *kreutzer* ou 12 centimes et demi ; c'est pour rien.

Première apparition du chapeau de femme ty-rolien : un grand *sombrero* aux bords larges et recourbés vers la tête, la coiffe ornée d'un pom-pon et d'une houppe de soie jaune qui retombe par devant. Est-ce gracieux ? Non, pas plus que le type ; on nous l'avait dit ; mais ces braves gens-là ont un tel air d'honnêteté et de simplicité répandu sur leur bonne figure qu'on les regarde tout de suite avec sympathie. — *Jenbach*, que voici, est un point de départ pour la charmante excursion de l'*Achensee*, un beau lac de 9 kilomètres de long, le plus beau au nord du Tyrol, et pour la visite de la vallée du *Ziller*. *Schwatz* vient après Jenbach ; ce gros bourg est très vivant, j'y compte en passant cinq ou six églises ou chapelles et deux grands couvents, qu'on me dit appartenir aux Franciscains et aux Bénédictins.

Nous descendons à la station de *Hall*, et il faut croire que nous portons notre nom et notre caractère écrits sur notre figure, car tout le monde met la casquette à la main. Très gentille la petite station de Hall, avec sa galerie ou promenoir tout

encadré dans le feuillage et les fleurs; très pim-
pant aussi le costume des employés du chemin
de fer du sud de l'Autriche (*Sudbahn*); ils ont un
veston bleu et à la casquette un, deux ou trois
gros galons d'argent selon le grade; ce qui me
faisait croire dans le commencement que j'avais
affaire à quelque officier supérieur, quand un
garde-frein ouvrait la portière. Ce n'est plus, du
reste, les affreux couvre-chefs allemands; cette
casquette-là est tout une révélation; nous sommes
enfin avec nos bons amis les Autrichiens.

Notre intention est d'aller à *Volders*, petit village à une lieue de là, situé sur la ligne ferrée où
nous venons de passer, mais où le train ne s'arrête pas. Qui donc nous attire dans ces vallées
perdues du Tyrol? Des Français, des exilés! Les
dominicains de Flavigny ont transporté là leur
noviciat, et ils y attendent en paix, dans la prière
et dans l'étude, la fin de la tourmente. Il fera
bon pour eux serrer la main de deux compatriotes, et nous nous réjouissons de les voir.

Un vieil employé de la gare, à casquette bleue
galonnée et à lunettes d'argent, s'empresse autour
de nous; ce que nous voulons, c'est une voiture,

et il a bientôt fait de nous la trouver. Nous traversons Hall, très pittoresque comme tous les bourgs ou villages des vallées tyroliennes, et nous courons bientôt sur la route poudreuse et blanche, bien entretenue, qui longe de loin ou de près le cours de l'Inn. Une mauvaise carriole vient à notre rencontre, et sous la méchante toile dont elle est recouverte, derrière la maigre haridelle qui la tire clopin-clopant, nous apercevons un bonhomme au nez crochu, qui ôte son bonnet graisseux en passant près de nous; le fond de la voiture est aussi illuminé par deux ou trois jeunes figures aux yeux noirs et frisés et aux yeux perçants; toute cette smalah à l'aspect oriental, ce sont des Tsiganes, et nous en verrons désormais un peu partout, jusqu'à la fin de notre voyage.

L'Inn bondit à présent à côté de nous. C'est une rivière aux eaux blanches, rapides, impétueuses, bouillonnantes, alimentée sans cesse par les neiges de la montagne, et pour cela froide comme la glace d'où elle sort. Sa profondeur est considérable, on n'y peut pas prendre de bains pour toutes ces raisons et elle n'est pas navigable. Tout à coup nous découvrons, sur la rive opposée, une vaste construction sans architecture ; à ses pieds une église un peu massive, à plusieurs clochetons, et tout autour, au-dessus, à côté, un bois ravissant, où percent, à travers le vert du feuillage, des ombres blanches et mouvantes : c'est le couvent de Volders. Le village se trouve à gauche, à quelque distance ; nous n'y passons pas, mais nous traversons un pont de pierre, et la voiture s'engage dans un petit chemin circulaire, à pente assez rude, qui conduit devant l'entrée de la maison.

Les ombres blanches ont disparu, le silence règne aux alentours, la vieille bâtisse est muette, la porte close ; mais nous ne trouvons pas le temps long, et nous sommes tout entiers à cette délicieuse sensation que nous éprouvons depuis une demi-heure, et qui consiste dans le plaisir de respirer à pleins poumons un air pur, salubre, vivifiant ; je ne dis rien du plaisir des yeux, j'en parlerai tout à l'heure. Cependant, nous heurtons à l'huis à coups répétés, un petit mitron du voisinage, qui arrive avec une provision de pains, nous prévient que c'est l'heure de la prière et qu'il nous faut attendre quelques minutes ; on viendra sûrement. En effet, c'est midi : *les anges sonnent* dans la tour de l'église, selon une poétique expression du bon pays de France, auquel nous pensons beaucoup et plus encore quand des pas précipités se font entendre et qu'une porte s'entr'ouvre avec un *Bonjour, messieurs!* des plus accentués.

« Vous êtes bien Français? Cela se voit tout de suite... — Oui, mon frère, nous sommes Français, et nous venons vous apporter des nouvelles du pays de France! »

Le P. prieur est prévenu et il accourt pour nous souhaiter la bienvenue. Quel aimable religieux que le P. D..., et instruit, et distingué, et plein de délicates attentions! Puis vient le procureur, le P. C...; il est plus que Français, celui-là, il est Lorrain, et c'est un missionnaire; il en a l'esprit, la vocation, le physique, les allures; il porte la barbe, et dans quelques mois, ce n'est pas la route de son pays qu'il prendra, mais le chemin de l'Orient et de Mossoul, où il ira évangéliser les Arabes. Et puis les bons frères! le portier, le cuisinier; nul dans le couvent ne possède une plus belle âme que ces religieux-là; leur

simplicité est parfaite, leur droiture admirable,
leur jugement sûr. Je me rappelle autrefois, en
Palestine, le pays par excellence des couvents et
des monastères, avoir passé des moments délicieux avec un frère chargé du soin du jardin; je
sortais toujours de ces entretiens avec une connaissance acquise, une pensée pieuse, l'âme apai-
sée et tranquille. Et qui n'a pas lu les *Fioretti?*
Qui n'a pas joui pleinement dans la société des
compagnons de saint François, faits à son image
et à sa ressemblance; quelque chose d'enfantin et
d'angélique tout ensemble!

Les chambres qu'on nous donna étaient situées
tout à l'extrémité d'un long corridor noir qui
sentait le bois moisi et le nid de chouette; elles
étaient meublées simplement, mais très suffisamment pour notre court séjour, et vu notre visite
inattendue et la pauvreté de nos hôtes. De vraies
cellules de moines, mais offertes de bien bon
cœur. On nous fit déjeuner, un déjeuner maigre,
mais relevé par une bière agréable et des fruits
exquis. Après le déjeuner, le Père sous-prieur
s'empare de nous jusqu'au soir; nous allons nous
promener.

Ah! c'est qu'il faut se promener, marcher, vivre dehors au Tyrol. Vraiment, quelle fête pour les yeux! Rien que la vue qui s'étend à nos pieds, du haut des fenêtres de la galerie vitrée qui sert de promenoir aux religieux, cela mériterait la peine d'être venu jusqu'ici. Cette vallée de Volders, bornée à l'ouest par la capitale de la province, Inspruck, où nous irons prochainement, et à l'est par la ville de Schwatz, que nous avons vue en passant, a six lieues de long sur une lieue de large à peu près. Deux plans de montagnes : l'un atteignant la hauteur de 800 mètres, l'autre de 2,500. Ce gros massif, dont on voit en face les crêtes sauvages et les dentelures grises et noires, c'est le *Salzberg* (montagne de sel), ainsi appelée à cause de ses salines nombreuses; des brumes en couvrent le sommet et les flancs; çà et là planent aussi de légers nuages en longs flocons blancs; le soleil paraît, les déchire, les dissipe et les fait envoler au loin; le spectacle devient alors grandiose. Cent aiguilles argentées resplendissent dans les airs : ce sont les clochers des églises, des couvents, des ermitages : le bon Dieu est partout ici; les prêtres, les religieux, et les bons chrétiens aussi; dans cette vallée bien cultivée et couverte d'arbres touffus, sur les pentes boisées et même dans les endroits plus inaccessibles où cesse la végétation. Les toits rouges des villages et des fermes isolées tranchent sur le vert sombre des sapins, les torrents bondissent, les oiseaux chantent, les bœufs mugissent, les moulins font un joyeux tapage, et toute cette scène forme un tout si harmonieux et si plein de vie et de sérénité qu'on subit immédiatement le charme qui s'en dégage.

Aussi comme nous courons volontiers sur les traces du Père sous-prieur; je dis *courir* et non pas *marcher*, car il s'agit d'une véritable excursion dans la montagne avec le plus infatigable des excursionnistes, qui en remontrerait aux membres du club Alpin. Il a un corps de fer et des jarrets d'acier, ce moine!

Le bocage qui entoure le couvent est de toute beauté, avec ses allées sinueuses et ombragées et son torrent impétueux. En montant, on arrive à un cimetière entouré d'une palissade; on y a établi un chemin de croix et des prie-Dieu en bois grossier, qui indiquent combien ici le culte des morts est en honneur. Nous montons toujours, et plus nous montons, plus le silence se fait; mais je me trompe, le ramage des oiseaux est incessant : grives, mésanges, merles, rouges-georges, pinsons, alouettes, s'en donnent à cœur joie. Le sous-prieur nous dit qu'il n'y a point de rossignols dans ces parages. Et que de fleurs aux nuances vives et variées! Les pervenches roses et bleues, les anémones blanches, les marguerites virginales, les clochettes lilas, les boutons d'or foisonnent. Nous arrivons à je ne sais quelle propriété qu'il nous faut traverser : c'est un paradis terrestre étourdissant de splendeurs, de richesses champêtres. Une maison haute et carrée est juchée là, à mi-côte, comme un donjon féodal, très pittoresque; nous montons, nous descendons, avec des échappées entre le feuillage, des perspectives féeriques, des fouillis de vieux chênes, de sapins, de lianes, de lierre, de vigne vierge; tout à coup nous entendons mugir un torrent qui s'élance au fond d'un précipice, et puis voilà qu'au bout d'un sentier c'est un cirque de verdure, entouré de tous côtés par des pentes abruptes; l'herbe a crû à hauteur d'homme; ma foi! je n'y puis résister; cette herbe-là est pour moi pleine d'attractions, j'ai envie de prendre un bain. « Excusez-moi, mon Révérend Père, c'est plus fort que je ne saurais dire ! » Et je m'étends de tout mon long, étreignant les scabieuses et les paturins à pleins bras et à pleines poignées.

Nous dûmes vituler en cet endroit une bonne demi-heure, après quoi nous nous remîmes en route à travers champs, jusqu'à un moulin très poétique, situé plus loin ; j'ai remarqué, le long du chemin, les conduites d'eau ; ce sont tout simplement des troncs de sapin creusés, et ils ne s'usent pas ! Plus loin, une ferme, deux fermes, avec une décoration à la devanture, en belles guirlandes de jaune maïs. Ces habitations de la montagne sont construites en bois de sapin, dominées par un auvent, surmontées d'un clocheton et d'une cloche pour appeler les bergers ou les cultivateurs pendant la rafale et la tempête de neige. Sur la façade, presque toujours on voit aussi une peinture rustique, représentant le saint qui protège contre l'incendie : saint Florian, qui tient en main un petit arrosoir ; je le prenais volontiers pour notre saint Médard ; on sait pourquoi

nous lui avons donné en France cet attribut si-
gnificatif :

> Quand il pleut à la Saint-Médard,
> Il pleut quarante jours plus tard.

O grand évêque de Noyon, ne soyez point si
prodigue de vos bienfaits! Et puis là, dans le
creux de ce chêne, sous la haute futaie, qu'est-ce
que je vois? une image pieuse, une peinture naïve,
et des vers inscrits au-dessous : j'appelle mes
compagnons et je lis :

> Im Wald, Feld und Flur,
> Erkennt man Gottes Spurn (1).

Il paraît, nous dit-on, que le Tyrolien naît
peintre ou poète; c'est l'habitant de la chaumière
voisine qui a manié le pinceau et la Muse chrétienne qui l'a inspiré. Le cœur se dilate, l'âme
fait explosion et prie, même dans les moindres
signes de politesse échangés entre passants :
Grüsse Gott! Gelobt seit Jesus Christus! (2) Non!
il n'est point de pays aussi complètement catho-

(1) Dans la forêt, les champs, la plaine,
  Partout on reconnaît la trace de Dieu.

(2) Que Dieu vous salue! Loué soit Jésus-Christ.

lique que le catholique Tyrol. Et nous allons toujours jusqu'à ce qu'il faille monter, monter entre les pierres roulantes et les glissantes aiguilles des sapinières, au risque de se rompre cent fois le cou; mais le sous-prieur veut absolument nous montrer une belle horreur : une chute d'eau, une cascade qui vaut celle du Giessbach, en Suisse ; elle tombe par saccades, en cinq ou six sauts monstrueux; il faut se pencher pour la voir, sur le précipice béant et on n'est protégé que par un simple garde-fou branlant. Un instant, j'ai cru que mon compagnon de voyage allait rouler dans l'abîme. Enfin, nous nous en tirâmes, et ce n'était pas facile pour redescendre, je l'assure bien. En rentrant au couvent, nous avions bien gagné notre dîner.

L'hospitalité est large et patriarcale chez les frères de Saint-Dominique; ils nous amènent dans leur propre réfectoire et nous aurons l'honneur de nous asseoir à côté d'eux. Ils arrivent tous, les pères et les novices dans leur majestueux costume, longeant les corridors sur deux files; ils sont bien soixante à soixante-dix, peut-être plus; alignés des deux côtés du réfectoire; le

grand *Benedicite* commence; ils disent les prières
liturgiques lentement, posément, gravement; au
Gloria Patri, tous se prosternent très bas, de
même au *Pater* final qui se récite en silence.
On est très ému devant un pareil spectacle et
je voudrais que nos incrédules et nos soi-disant
libres-penseurs puissent en être témoins. Pendant le repas comme pour toutes les communau-
tés, on lit un bon livre instructif et intéressant
précédé de la Bible et suivi de l'Imitation ou du
Martyrologe. Et pendant ce temps-là, par les
fenêtres larges ouvertes, on entend toujours la
grande musique de la montagne : le torrent, l'oi-
seau, le bêlement du troupeau, la cloche de l'église
voisine et l'on respire le bon air du bon Dieu.

Pendant quelques instants les Pères nous laiss-
sent seuls; nous en profitons pour aller dans le
bosquet qui est derrière la maison et étendus sur
la pelouse en plan incliné, la tête dans l'herbe,
nous voyons la nuit tomber graduellement des
hauteurs du Salzberg, je ne connais guère de
moment plus délicieux dans la journée que ce
moment-là; on me pardonnera du reste cette soif
inextinguible de grand air, d'eaux vives, de

prairies, de forêts, de nature champêtre, si l'on sait la vie que mène le pauvre Parisien toute l'année durant. Les religieux pourtant sont venus causer un instant avec nous et nous demander nos impressions. Le lendemain il y a grande fête au couvent comme partout; on solennise la Fête-Dieu.

Il est donc nuit, et je suis resté dans ma cellule dont l'unique fenêtre donne sur une cour intérieure assez spacieuse, cultivée en jardin et éclairée par les rayons de la lune. Une grande paix règne ici et aux alentours; elle nous invite au repos.

Le lendemain grand'messe dominicaine célébrée par le prieur; c'est presque une cérémonie pontificale; l'officiant se tient au fauteuil où il lit souvent les prières sur un missel qu'un acolyte tient devant lui; à l'Evangile on porte derrière le pupitre la bannière de l'Ordre; du reste, les ornements sont fort beaux et la chasuble en particulier n'a point été modifiée, dans les formes étriquées que nous avons; je suis presque sûr que ce vêtement sacré est encore le même chez les Dominicains que dans la primitive église.

Au dehors, il pleut, et c'est une pluie de montagne, un véritable déluge; mais n'importe! Dans tous les cas nous serions restés à la maison; nous avons besoin de nous reposer après la course d'hier et en vue des fatigues à venir; du reste, nous assisterons à la procession qui aura lieu le soir dans l'église des Servites. Je n'ai pas dit encore que cette maison où nous sommes, n'est autre chose qu'un couvent de Servites; ces bons religieux réduits à trois, ont loué deux grands corps de bâtiments aux Dominicains français, se réservant le troisième pour eux-mêmes ainsi que l'église située tout près, entre la rivière et le couvent. Nous les apercevons quelquefois; ils ont un costume noir avec un scapulaire; ils portent la barbe moins les moustaches. Ils officient, prêchent et confessent dans leur église; le soir, ils la prêtent aux Français pour la procession, et, malgré la pluie, un assez grand nombre de paysans sont venus y assister; nous les voyons dans leurs costumes des dimanches et certaines de nos Tyroliennes ont même passé des gants de peau sur leurs doigts hâlés.

L'empereur Franz-Joseph, le seul roi vraiment

catholique qui existe peut-être dans le monde entier, et le modèle des pères et des époux chrétiens, a accueilli avec la plus grande bonté les pauvres exilés; toutefois il leur a recommandé de ne point se livrer au ministère. Nos religieux d'ailleurs n'auraient pu en avoir même la pensée, empêchés qu'ils étaient par une langue étrangère et par leurs travaux.

Volders, comme Flavigny autrefois, est le sanctuaire du travail; l'école de philosophie a été transportée dans les vieilles tourelles gothiques de Belmonte en Espagne; ici, sous la direction du savant Père B..., le régent des études, les novices s'efforcent de gravir les hauteurs de la Somme théologique de saint Thomas d'Aquin. Tous les jours, ce ne sont que luttes courtoises et batailles amicales à coups de sillogismes dans la grande salle des études où nous avons vu afficher des programmes tels que celui-ci : *Hebdomadâ II, Feriâ III*ᵃ*, Prædicabit Reverendus frater Stephanus G... judicium proferet adm. R. Pater M... studiorum promagister. Feriâ VI*ᵃ*, Circulus theologiæ dogmaticæ : Utrum processio sit in divinis? (I*ᵃ *pars. Q. XXVII, artic. 1). Defendet Reverendus frater*

Angelus C... Arguet adm. Rev. P. B. Studiorum Regens.

Le climat est supportable; néanmoins les hivers sont rigoureux; la neige tombe en abondance et tellement qu'on ne pourrait distinguer les chemins des champs voisins si on n'avait point la précaution de planter le long de la route des poteaux indicateurs très élevés. En Novembre et Janvier, le baromètre descend à vingt-cinq et trente degrés; c'est le temps des bourrasques et des grandes avalanches très fréquentes, la constante préoccupation, l'effroi, la ruine du pauvre montagnard. Il pleut souvent au printemps, l'été n'est beau qu'en juin; mais les automnes sont magnifiques. Il y a ici un jeune frère qui n'est point trop bien portant, et qui attribue, avec raison, son malaise à de trop brusques variations de température.

A part quelques exceptions, les autres religieux se portent assez bien et je crois u'ils ne pouvaient trouver mieux que le bienheureux nid où ils sont venus s'établir. Ils ont d'excellents rapports avec le voisinage; ils sont bien vus par le clergé séculier et régulier. Ceux-ci sont, il est vrai, les maîtres du pays; ce serait un sujet de grand scandale pour mes chers compatriotes, mais pourtant cela est; le Tyrolien aime ses pasteurs qui du reste se prodiguent pour lui. Partout le clergé, ici, jouit d'une grande liberté à tous points de vue; il n'est pas exposé aux soupçons, au blâme, à la critique, aux jugements très téméraires et on voit le curé et les vicaires dans des accoutrements impossibles, installés dans l'auberge du village, fumant leur pipe, buvant leur bière et faisant leur partie, sans qu'on y trouve à redire le moins du monde. Les moines, les Franciscains surtout, vivent avec le peuple qui les a en grande et profonde vénération, une vénération qui va jusqu'à l'amitié vive. Vous entrez dans une maison en même temps qu'un pauvre frère mendiant chargé de sa besace; n'espérez point être avec lui sur le pied de l'égalité; l'hospitalité sera exercée à votre égard, seulement quand le religieux aura été hébergé, soigné, choyé; on l'aime, il est connu et souvent il fait partie de ces moines qui vivent en dehors de leurs couvents avec l'agrément de leur supérieur; ce sont les auxiliaires des curés, sous le nom de *Patres expositi*.

— Inspruck — c'est la capitale du pays depuis

1361; elle est admirablement située dans la plus large et la plus fertile partie de la vallée de l'Inn, sur les deux bords de cette rivière. La rive droite est la ville moderne; de jolies maisons peintes de toutes les couleurs lui donnent un aspect des plus gais.

Ce qu'il y a de plus curieux à voir à Inspruck, c'est l'église des Franciscains et l'Université. L'église renferme le mausolée de l'empereur Maximilien, un des grands chefs-d'œuvre de la Renaissance; il est orné de bas-reliefs fort bien travaillés et entourés de vingt-huit statues colossales en bronze. La statue de l'empereur aussi en bronze est à genoux sur le sarcophage de marbre, élevé de deux mètres. Avec un peu d'imagination, on peut se figurer, surtout par un jour sombre, que ces personnages historiques sont animés; les chevaliers et les nobles dames forment un splendide cortège qui s'avance au milieu de l'église pour je ne sais quelle cérémonie religieuse, et cette pompe royale vous laisse tout saisi d'étonnement et d'admiration.

C'est encore dans la même église que l'on trouve le monument d'André Hofer, le héros tyrolien fusillé en 1810, à Mantoue, par les Français.

Inspruck possède une Université célèbre parmi les catholiques de toutes les nations; elle a été fondée en 1677 et est fréquentée par près de 600 étudiants. Presque en même temps qu'Inspruck, les universités de Gratz et d'Olmutz virent le jour; l'Autriche avait déjà, au XIVe siècle, celles de Prague, de Vienne et de Cracovie; Buda-Pesth et Lemberg vinrent plus tard; Klausenbourg, Czernowitz et Agram sont de création récente.

En 1782, il est vrai, par suite des réformes de Joseph II, l'Université d'Inspruck était convertie en Lycée, c'est-à-dire en Université restreinte, mais le ministre Fenchtersleben rétablit tout dans l'ordre ancien; ce fut lui qui donna l'essor à l'enseignement supérieur; il voulut doter son pays d'établissements aussi florissants que ceux qui font la gloire de l'Allemagne; on peut dire qu'il y a réussi. Celui qui nous occupe a quatre facultés : la théologie, le droit, la médecine et la philosophie; les cours se font en allemand; ils se faisaient autrefois en latin; on a dû abandonner cette vieille langue, qui, si elle se prêtait parfaitement aux leçons d'histoire et de philologie, pouvait moins convenir aux démonstrations scientifiques; du reste Inspruck est dans un centre allemand; on y enseigne en allemand, comme on emploie le tchèque à Prague, le polonais à Cracovie et le magyar à Buda-Pesth; à cause de la proximité de l'Italie et des pays de langue italienne, on a pourtant établi quatre chaires de droit en langue italienne.

Quand j'ai demandé le nombre des professeurs de l'Université et que je l'ai connu, j'avoue avoir été un peu étonné et surpris : professeurs et *privat docenten*, ils sont soixante-treize. — On sait ce qu'on entend par *privat docent;* ce sont des docteurs auxquels on confère le droit d'enseigner; ils sont payés à titre de suppléants, la plupart du temps, ils ne reçoivent rien de l'État et se font rémunérer par les étudiants. — A Vienne il y a 238 professeurs; à Buda-Pesth 198 ; à Prague 139; à Gratz 95; à Cracovie 70 ; Inspruck vient donc en cinquième lieu.

On trouve aussi, et très souvent, jusqu'à huit, neuf, et même douze professeurs pour la chaire.

Rien donc n'est attristant comme d'établir un parallèle entre ces grandes et brillantes Univer-

sités d'Autriche et d'Allemagne et les nôtres ; non
pas que notre enseignement soit inférieur toujours,
comme qualité ; mais notre personnel est-il assez
nombreux ? En 1882 Paris ne possédait, tant à la
Sorbonne proprement dite qu'à l'école des Hautes
Études, que 78 professeurs chargés de cours ou
maîtres de conférences ; Lyon, 26, Nancy 22, Tou-
louse et Bordeaux 20. L'activité des Allemands
est aussi beaucoup plus grande que la nôtre, puisque leurs professeurs font parfois jusqu'à dix et
douze cours chacun, par semaine. Et parce que
nous n'avons pas l'utile institution des *privat docenten*, voilà que l'on a été obligé d'appeler à l'aide
des Facultés, quelques professeurs de lycée résidant au chef-lieu académique et de leur confier
des conférences de littérature et de mathématiques.
Mais là où le cœur se serre, c'est quand on passe
devant nos bâtiments universitaires. Franchement
que doivent penser un étranger, un Allemand, un
Autrichien ou un Hongrois, qui tous possèdent de
si belles et si vastes Universités, quand ils voient
notre antique Sorbonne, toute vénérable, mais
toute délabrée et dont la reconstruction et l'agran-
dissement occupent les Conseils de la ville de

Paris et de l'État depuis 1845? Sommes-nous donc très pratiques en achetant, comme nous l'avons fait il y a un an, quinze cent mille francs tel immeuble qui servira à un lycée de filles, mais qui n'a pas servi encore, et en laissant une Faculté entasser ses livres et ses archives pêle-mêle avec ses provisions de bois et de charbon, faute de place?

Nous ne pouvions passer à Inspruck sans assister au moins, ne fût-ce qu'un instant, au cours de la Faculté de théologie. On nous l'avait bien recommandé au collège des jésuites où nous venions de faire une visite. Nous eûmes la chance d'entendre le fameux père Hürter, célèbre dans les deux mondes par sa science et ses œuvres théologiques. Il est, nous dit-on, fils d'un pasteur protestant de Schaffouse, lui-même très renommé et qui se convertit au catholicisme en écrivant la vie du pape Innocent III.

La salle de cours était comble et son aspect nous parut très pittoresque; un jardin, dont les plantes et les fleurs étaient bien austères, il est vrai, mais néanmoins très variées de couleur et de figure. Je crois bien que tou es nations et tous les ordres religieux y étaient représentés par un type ou un costume différent. Mais comme le cœur de ces studieux jeunes gens doit battre quand ils voient enfin leurs travaux et leurs efforts couronnés de succès et qu'ils peuvent lire un jour ce que nous lisions nous-mêmes ce jour-là dans le vestibule de l'Université, cet avis du Recteur affiché sur les murs et proclamant le nouveau docteur en théologie :

Rector et C. K. Universitas OEnipontana, notum facimus dominum I. Sannicoló clericum diœcesis Tridentinæ, die 20 hujus mensis doctoratûs S. Theologiæ Laureâ insignitum esse.

OEniponte, die 20 junii 1882.

Vidi : Vintschgau.

Qu'il doit faire froid ici pendant l'hiver dans ces rues si droites, si proprettes, si blanches! et, quand les monts d'alentour sont couverts de neige et qu'il vente en tempête, comme les bons bourgeois doivent se réfugier derrière leurs poêles de faïence et savourer les délices d'une pipe de porcelaine à foyer long et profond, et peinturlurée comme celles que nous voyons aux devantures des boutiques. Pendant que nous faisions ces réflexions, amenées par la pluie qui tombait malencontreusement, nous passions devant le *Golden Dach*, la Maison d'or : c'est une tourelle du style ogival flamboyant; sa toiture est en cuivre doré et elle a coûté 30,000 ducats au comte Frédéric « à la poche vide ». On aurait la poche vide à moins!

Nous voici à la gare sans avoir vu le château d'*Amras* le séjour favori de l'archiduc Ferdinand III, situé à une heure de la ville. L'Empereur y vient quelquefois et Ferdinand s'y était réfugié pendant l'orage de 1848. La famille impériale doit se trouver à l'aise dans ce charmant pays et au milieu de ce peuple de paysans, qui a de tout temps joui de larges immunités et privilèges, religieux, hospitalier, éminemment conservateur, très attaché à sa patrie et à la maison de ses souverains héréditaires. Le bruit avait couru il y a deux ans que le Pape voulait quitter Rome pour venir habiter l'étranger en attendant des jours meilleurs. Nulle part Sa Sainteté et la cour pontificale ne se fussent trouvées mieux que dans le Tyrol et qu'au château d'Amras.

III

D'INSPRUCK A UDINE

Le chemin de fer du Brenner. — Bruneck. — Le Père gardien des Franciscains. — Châteaux et chaumières. — Villach. — Nous marchons vers l'Orient. — Paysage italien. — Mort d'un *héros italien*. — Goritz : souvenirs français.

Nous allons maintenant gagner l'Autriche italienne, et voici notre itinéraire : le chemin de fer du *Brenner* et du *Püster Thal* jusqu'à *Villach;* à *Franzensfeste* nous laisserons la ligne qui conduit à Vérone et en Italie sur notre droite; nous ne verrons par conséquent, ni *Brixen*, ni *Botzen*, ni *Trente;* hélas ! on ne peut pas tout voir ! Je dis hélas ! car j'aurais bien désiré voir le Trentin et sa capitale célèbre, et *Miran*, et le château qui a donné son nom au Tyrol tout entier. A Villach, en poursuivant par *Klagenfurt*, on irait à *Marbourg*, à *Gratz*, à *Vienne*; ou, par *Laybach*, à *Agram* directement; nous verrons cela plus tard. Pour le moment nous voulons gagner Trieste, et pour cela nous descendrons à la frontière italienne, à *Pontebba*; nous gagnerons la plaine où s'élève *Udine*, la dernière ville italienne un peu importante au Nord-Est, et, retraversant la frontière pour rentrer en Autriche, nous arriverons à Trieste par Goritz. Que le Dieu des voyageurs nous accompagne, nous protège et nous donne la patience! il en faut au milieu de ces pérégrinations diverses, et il est nécessaire aussi d'avoir du coup d'œil parmi tant de correspondances et de marches et contre-marches; si l'on manque un train, souvent il faut attendre au lendemain et on perd un temps précieux.

C'est encore grand dommage que nous ne puissions aller visiter la riche abbaye de Prémontrés de *Wilten* ou *Wiltau*, à une demi-heure de la ville, sur la route du Brenner. On nous dit que le monument en vaut la peine; mais qui croirait

que le recrutement devient difficile chez ces religieux, malgré leurs biens et leurs richesses ? Le
peuple se porte de préférence vers les bons
Franciscains, et l'on compte du reste un ecclésiastique par moins de deux cents habitants.
Néanmoins, de la portière du wagon, nous
apercevons en partant les bâtiments du monastère et ses splendides jardins avec leurs treilles
pleines de promesses ; des moines montés sur des
échelles se livrent aux travaux du jardinage et
de la viticulture : *Fortunatos nimium !*

Tunnels, torrents, montagnes escarpées et vieux
châteaux accrochés à leurs flancs, on ne les
compte plus. Les sites sont charmants ; on longe
un instant le petit lac du Brenner, et nous y
arrivons à ce fameux Brenner : c'est la limite des
bassins de la mer Noire et de l'Adriatique ; l'alti-
tude est de 1,362 mètres ; aussi nous ne sommes
plus étonnés si nous grelottons et s'il nous faut
bien vite endosser nos pardessus. A la gare, pendant l'arrêt, nous voyons que tout le monde en
a fait autant, et nous regardons les petites flaques
d'eau qui sont gelées et qui crient sous les pieds
des employés et des voyageurs.

On descend ; à *Schelleberg* la hauteur est de 1,239 mètres. Mais voici un endroit curieux de la ligne ; *Gossensass*, la station suivante, est située presque immédiatement au-dessous de Schelleberg 178 mètres plus bas, au pied du *Hühnerspiel*. Les employés nous expliquent que nous pouvons quitter le train et nous en aller à pied jusqu'à Gossensass ; il y a un sentier assez long encore, qui serpente sur les flancs de la montagne et qui, après avoir traversé un village pittoresque, aboutit à la station ; nous y arrivons un quart d'heure avant le train, celui-ci ayant fait toute une série de courbes et de zigzags et traversant un tunnel de 763 mètres de long avant d'arriver à destination. Les voyageurs ne se font guère prier pour descendre et faire cette excursion pédestre, qui n'en est que plus agréable pour être moins prévue dans le programme.

C'est à Gossensass que l'on a une belle vue sur les glaciers à droite et à gauche de la voie ! surtout à gauche vers le *Gross Venediger* ou le *Gross Glockner*. Le train arrive vers le soir au défilé commandé par le fort François *Franzensfeste ;* ce fort, aux belles et sévères proportions, barre la

route d'Inspruck et de Vienne aux Italiens. L'en
droit est superbement choisi, la position formidable. Il faut coucher ici dans une auberge très
modeste où nous dînons en compagnie des officiers de la caserne voisine, dans une petite salle à
manger ornée de deux grands tableaux représentant l'Empereur et l'Impératrice.

Le lendemain matin, départ pour Bruneck, où
nous nous arrêtons. Le temps n'est guère engageant; mais n'importe! il est impossible de traverser tout le Tyrol en chemin de fer sans se rendre
un peu compte du pays. Nous allons à la ville;
elle n'est point tout près de la gare; il n'y a
point de voiture, nous voyageons sous notre pa-
rapluie, le ventre vide, affamé. A l'entrée du pays
qui paraît très propre, un couvent avec chapelle
et clochetons; nous avons une belle lettre de
recommandation du père Prieur de Flavigny pour
les Franciscains de Bruneck et nous nous
imaginons que nous allons trouver là notre
affaire; entrons donc! Un vestibule où tout venant peut aborder, une sonnette, un tour et,
derrière.... une voix qui n'a rien de masculin quand
elle répond en allemand à notre mauvais latin.

Pourtant nous aurions dû savoir que les couvents sont nombreux au Tyrol et qu'il n'y a pas que des Franciscains ; du reste le tour aurait pu nous convaincre que nous faisions fausse route ; *mais ventre affamé n'a pas d'oreilles.* Il est bien 9 heures quand nous arrivons à destination : le couvent désiré était au bout de Bruneck, à l'opposé de la station.

Nous allons être reçus à merveille ; nous avons une si belle lettre ! qu'on en juge : « *Prior Fratrum prædicatorum Volderici in vicinâ civitatis Hallensis commorantium, summâ observantiâ admodum Reverendum Patrem Guardianum Fratrum minorum Cappucinorum, in urbe Bruneck viventium plurimùm impertit salutem enixé que rogat ut valdé commendatos habeat Paternitas sua adm. rever. plurimùmque colendos dominos V... et C... sacerdotes parisienses, pietate, doctrinâ ac meritis graves atque omni honore dignos, per Tyrolensem provinciam in Carinthiam, Styriam et Austriam iter habentes et Seraphici Patris Francisci ordinis amicissimos. — Datum Volderici in conventu sancti Caróli, die 9 Junii anni reparationis, 1882.*

Ainsi, nous sommes bien des personnages recom-

mandables par notre piété, notre savoir et nos
mérites, dignes de tous les honneurs et grands
amis des bons Franciscains ! Quand nous nous pré-
sentons à la porte du vieux couvent un peu délabré, le frère portier nous fait attendre un temps
assez notable et enfin nous amène dans une petite
salle où nous voyons arriver clopin, clopant un
petit moine déjà âgé, aux cheveux ébouriffés, à la
calotte de travers. Nous parlons latin, d'abord à
la façon cicéronienne, avec les grandes périodes ;
le bon religieux écarquille les yeux et paraît ne
pas comprendre ; nous faisons du latin de cuisine ; — grand Dieu nous avions bien besoin de cuisine : — il ne comprend pas mieux ; nous tâchons
d'y mettre l'accent germanique qui ne ressemble
guère à l'accent français : rien non plus ; nous
abordons timidement l'allemand : rien toujours.

Mais l'hospitalité tyrolienne est une grande
vertu et la charité des enfants de saint François
est grande ; notre bon gardien nous prit par la
main et nous emmena au réfectoire du couvent ;
nous comprenions ce langage et nous étions sau-
vés. Oh ! je lui pardonnai de bon cœur de ne pas
nous entendre, quand je le vis commander au

frère cuisinier, du lait, du beurre et du café. Le
réfectoire était une large salle basse avec des tables
rangées le long des murs; signes particuliers :
des crachoirs couraient sous les tables tout le long
du réfectoire; en face du mur qui donnait sur le
jardin et qui était percé de fenêtres, une vieille
et patriarcale horloge faisait entendre son tic-tac
endormant et monotone, et dans un coin s'étalait
une immense et fantastique volière pleine d'oiseaux de toute espèce, en l'honneur de saint
François qui aimait tant les oiseaux et savait
comprendre même le langage des animaux.

Pendant que nous nous régalions sans souffler
mot, une éclaircie se fit dans le ciel nuageux;
le soleil apparut éclairant le réfectoire de ses
feux étincelants; aussitôt les petits oiseaux endor-
mis se réveillèrent et commencèrent à faire le
plus étourdissant tapage. A la bonne heure! Il
fallait bien que quelqu'un causât. Cette petite
scène monacale était charmante. Et après avoir
dit nos grâces, le père gardien nous conduisit au
chœur pour nous montrer les livres de chant comme
une merveille; nous le quittâmes avec force remer-
cîments sur le seuil de l'église pour retourner à

la gare. Il tenait toujours à la main la lettre de recommandation du prieur de Völders, et il s'obstinait à voir en nous ledit prieur des Dominicains avec un de ses religieux; il nous parut difficile, pour ne pas dire impossible, d'établir notre identité; nous y renonçâmes tout à fait.

De Bruneck à Villach ce ne sont que tunnels, viaducs, courbes, tranchées, ponts, remblais. Et que de châteaux audacieusement perchés sur des pitons inaccessibles! l'un nous frappe surtout aux environs de Bruneck par sa magnifique position; il était juché sur un roc à pic avec deux plans inégaux de montagnes derrière, et comme fond un océan de cimes montant haut vers le ciel, étincelant au loin sous sa blanche parure de glace et de neige; des casques d'argent, des glaives d'acier perçant les nuages noirs comme de l'encre. Sait-on combien le Tyrol compte de châteaux? Cinq cent trente-sept! ils datent presque tous du moyen âge et leurs ruines imposantes se marient bien à la beauté sévère des paysages tyroliens. A cette époque et par sa situation géographique, le Tyrol fut en lutte continuelle avec les Vénitiens et les Allemands. — Rien de joli non plus comme les groupes de chalets en bois, revêtus de planchettes taillées en écailles de poisson, comme les chalets de Suède ou de Norwège, et dominés par un clocher bulbeux à la moscovite.

A *Innichenz*, un peu avant *Lienz*, belle vue sur les montagnes de dolomites. Ce sont des montagnes calcaires, qui doivent leur nom au géologue français Dolomieu, qui, le premier, observa leur structure en 1789. La nature les a prodiguées dans cette portion de la chaîne des Alpes comprise entre le *Brenner* et le *Semmering*. Quelle est l'origine de ces montagnes curieuses? d'après les savants, ce seraient des récifs de corail. Leur hauteur est considérable : l'une d'elles dépasse 3,350 mètres. Leurs parois sont presque verticales, ce qui en rend l'ascension très pénible et très difficile.

A *Toplach* apparaît la Drave. La Drave, c'est le Danube, la mer Noire, l'Orient déjà! — Lienz est la ville la plus orientale du Tyrol; elle se trouve sur les confins de la Carinthie; on voit que nous touchons à une frontière; les gens ne portent plus guère le costume tyrolien, ce costume national qui rappelle beaucoup le costume bas-breton :

petite veste courte ornée en avant d'une double rangée de brillants boutons, large ceinture brodée, culotte descendant aux genoux et attachée à des guêtres de cuir, chapeau fendu et agrémenté de l'inséparable plume de coq.

Mais ce n'est pas seulement le costume qui cnange ou qui va changer, c'est le caractère. Nous allons quitter une population patriote, énergique, laborieuse; les Vendéens de l'Autriche : des chrétiens, des catholiques fervents, qui n'ont pas seulement une religion extérieure, mais dont les actes sont en harmonie avec les principes, dont l'honnêteté est proverbiale. Ici encore peu ou point de mendiants : mais patience! nous en trouverons tant que nous voudrons au delà de *Pontebba*.

Pour le moment, nous arrivons à Villach, vieille ville de 4,500 habitants; quand je pense qu'il m'a fallu perdre tout une soirée dans cet endroit-là, j'en pleure de rage! il n'y a rien, rien à voir qu'une église grecque et une autre qui possède un singulier tableau ue piété représentant un crucifié. Ce u est pas Notre=Seigneur Jésus-Christ; mais il a l ap parence d'un Juif de l'époque ancienne, on le voit par la mise en scène; qu'est-ce donc? en cherchant

bien, j'ai trouvé : c'est le Bon Larron ! — Dîner
dans un restaurant passable ; ce qui s'explique
par la présence d'une garnison et d'un état-major
d'officiers assez nombreux. Quand nous voulons
parler allemand avec la fille qui nous sert, nous
ne parvenons pas à nous entendre les uns les
autres : c'est qu'elle n'est ni allemande, ni
même italienne, elle est slovène : cheveux épais,
blonds, peau brune, taille un peu forte, bouche
grande, yeux clairs, pommettes légèrement saillantes et nez court ; il y a du sauvage dans cette
tête-là. Nous sommes bien en Europe, mais à deux
pas de l'Adriatique, et de l'Orient.

C'est bien la frontière italienne qui commence
à Pontebba ; jusqu'à *Resiutta* le caractère du
paysage est grandiose ; nous sommes toujours
dans la montagne et nous traversons nombre de
tunnels et de viaducs ; nous apercevons des rochers
énormes, nous suivons des gorges sauvages ; mais
à *Venzone*, voici la vallée, voici la plaine. C'est
l'Italie ; c'est son ciel bleu ; ce sont ses figuiers,
ses oliviers, ses vignes mariées à l'ormeau et courant d'arbre en arbre en guirlandes gracieuses.
C'est le type italien.

Mais où il n'est plus besoin de regarder sa
carte ou de consulter son indicateur, c'est en dé-
barquant à Udine et quand on voit le délabrement
des employés italiens. A côté des employés du
Süd-bahn autrichien, ont-ils mauvaise mine ces
gens-là ! Le type, la taille, le costume, rien n'est
à leur avantage décidément. Que dirai-je ? ils
ont l'air de mendiants. Ce n'est pas que je n'aime
point l'Italie, oh non ! chaque pays a son
côté intéressant et sa valeur ; mais quand je vois
ces petits hommes au teint cuivré, aux cheveux
noirs et crépus, à l'œil vif, avec une veste trouée
aux coudes et une casquette de forme basse, grais-
seuse, sale, vieille de dix ans, tout de suite je
reconnais mon Italie, le pays du soleil et du *far
niente*. Ont-ils besoin de travailler ? mon Dieu non !
ils se trouvent bien comme cela ; ils se contentent
de peu ; ils n'ont pas froid, ils ne mangent pas ;
que feront-ils cependant pour passer le temps ?
Ils joueront de la guitare sans doute ; et s'ils manquent de quelque chose ils sauront bien le demander aux nobles étrangers qui arrivent toujours
chez eux la bourse bien garnie, la poche pleine.
Bah ! à quoi bon se gêner ? c'est dans l'ordre ; ils

font si bien ainsi, au milieu du paysage, à la campagne, sur une route poudreuse et ensoleillée, près d'une fontaine antique; à la ville le long d'un vieux mur, sur une place pittoresque ou aux portes d'une belle église de marbre. Artiste et mendiant! j'ai dit tout l'Italien.

Udine, ancienne capitale du Frioul, a vingt-huit mille habitants; c'est une vieille cité qui a encore ses murailles d'autrefois; c'est assez curieux. Nous arrivons aux portes et les douaniers s'empressent de sortir pour nous saluer : « *Buon giorno, signori!* » Jusque-là très bien! ils n'ont cure de ce que nous pouvons porter dans nos sacs, par exemple; de chaque côté de la porte je remarque les murs d'enceinte; ils sont terriblement lézardés; un douanier s'approche et se constitue notre *cicerone*, séance tenante; ce n'est pas désintéressé; mais nous nous enfuyons épouvantés : un homme qui porte l'uniforme et la casquette surmontée de la couronne royale d'Italie! allons donc! Ce n'est pas du reste la première fois que je voyais cela : un fonctionnaire ou un militaire italien qui donne des renseignements moyennant pourboire; à Naples, j'affirme bien qu'à San-Mar

tino, à l'hôpital militaire où j'avais affaire un jour
et où un soldat m'avait amené, celui-ci tendit la
main en me demandant la *mancia.*

En arrière de la porte, une longue, longue rue
bordée de maisons basses et communes, conduit au
centre de la cité ; nous sommes au dimanche et
il est six heures du matin ; aussi, il y a peu d'a-
nimation. Cependant les paysans arrivent, les
uns pour assister à la messe, les autres pour
vendre quelques denrées au marché. Jamais je
n'ai vu d'aussi beaux fruits. Les cerises surtout
sont d'une grosseur étonnante : j'avais déjà été
frappé de cela à Venise il y a quelques années.

Et nous aussi nous voulons entendre la messe ;
une petite cloche retentit à l'autre bout de la
place du marché : c'est une modeste église et
nous y entrons à la suite de la foule. Beaucoup
de monde, des hommes, des femmes surtout.

Tous ces gens-là sont agenouillés sur le pavé ;
un bon nombre d'entre eux entourent les confessionnaux. En Italie, c'est l'habitude de se confes-
ser le dimanche dès le grand matin, avant la première messe, afin de pouvoir faire la communion ;
les jeunes femmes et les jeunes filles sont là au-

tour du prêtre que tout le monde peut voir, car la porte ne vient qu'à la hauteur de la ceinture ou bien n'existe pas du tout; les hommes se confessent devant le prêtre, pour ainsi dire face à face, la main dans la main; c'est très paternel et dans le sens chrétien. Mais comme les têtes sont légères si le cœur est bon; nos petites Italiennes tournent le cou en disant leurs prières et examinent les allants et les venants ou causent entre elles sans trop se gêner.

La cathédrale romane avec des peintures et des sculptures assez remarquables est vaste, bien proportionnée, pas trop mal tenue. On a fait sa toilette pour la fête du *Corpus Christi;* les colonnes sont tendues de rouge, le siège archiépiscopal aussi; le coup d'œil est assez beau.

En sortant nous allons voir la place centrale où se trouve la partie la plus ancienne de la ville qui a sa propre enceinte de murs et de fossés; au milieu s'élève le château; il sert de caserne. L'Hôtel de ville ressemble au palais des doges de Venise; il a été malheureusement incendié en 1876. On s'est étudié en maints endroits à reproduire l'architecture des monuments de la reine de l'Adriatique; aussi appelle-t-on Udine, la petite Venise.

Contre les murailles d'une espèce de galerie sur la grande place, une grande plaque de marbre attire notre attention. On y lit : « Les citoyens d'Udine ont élevé ce monument pour se souvenir que le 1er juillet 1870, l'Italie a été délivrée des armées étrangères, des tyrans de l'intérieur, du pouvoir temporel des papes, etc., etc. » Peste! ils n'y vont pas de main morte, ici! les pauvres rois, ducs et princes, hormis celui de Piémont, sont tous des tyrans, ni plus ni moins; quant aux Français, ils ont bien fait de quitter l'Italie, car apparemment ils l'empoisonnaient; ils sont partis, bon débarras!

Il n'y a pas de danger, du reste, que nous déclarions notre qualité d'une façon quelconque, ni que nous restions même un bien long temps à faire nos réflexions sur tout ceci, car, comme dit mon compagnon, ils seraient capables de nous chercher un mauvais parti et peut-être avec ces sentiments-là, de nous écarteler; alors on ferait un autre monument pour perpétuer le souvenir de la chose tout à la gloire de l'Italie et au grand

détriment de nos pauvres os. Qu'on me pardonne
cette boutade, mais je crois réellement que ces
mangeurs de *paste*, ne sont pas commodes, surtout, dans certains moments comme celui-ci, où
ils se croient obligés de faire du patriotisme quand
même et de déployer une *furia* inusitée. Pourquoi? parce que (nous l'apprenons encore par des
affiches apposées sur les murs), le grand citoyen
est mort, Garibaldi n'est plus; c'est un deuil général et ils l'appellent « *le héros des Deux Mondes* ».
Héros, soit! puisqu'ils y tiennent; mais je ne leur
passerai pas aussi facilement une erreur théologique qu'ils commettent sur les mêmes affiches
où nous lisons en lettres flamboyantes :

Garibaldi

Splendore di Dio !

Peu à peu la circulation devient plus active; il
y a maintenant beaucoup de monde dans les rues,
des soldats et des officiers surtout. L'uniforme de
ceux-ci est joli et ils le portent bien: petite veste
bleu de Prusse à grosses épaulettes d'argent et
écharpe bleue de service à gros glands; pantalon
bleu pâle et petite casquette de même nuance.

J'aime autant la tenue de la belle infanterie autrichienne; elle est tout aussi distinguée et plus
sévère : les tons sont gris ou bleuâtres; pas d'épaulettes, pas de galons, une étoile au collet pour
les officiers; c'est tout. Il paraît que les splendides uniformes blancs ne se montrent plus; c'est
grand dommage. Voilà pour l'extérieur; mais je
crois bien qu'un grenadier autrichien mangerait
dix petits Italiens à lui tout seul.

D'Udine à Trieste 95 kilomètres; la frontière
autrichienne est à *Cormons*, à 22 kilomètres; un
peu plus loin, c'est *Goritz*, en allemand *Gœrtz*, en
italien *Gorizia;* elle est située dans un site charmant, au fond d'une vallée abritée contre le
vent : c'est la ville des malades et des convales-
cents, une sorte de Nice autrichienne, comme on
l'a appelée. Déjà ici nous allons rencontrer une
de ces choses bizarres, qu'on ne voit qu'en Autriche. La ville est autrichienne, mais elle a l'apparence italienne : les enseignes des magasins et
des boutiques sont en italien; les gens parlent
italien, et pourtant on dit que Goritz est un des
foyers slovènes, c'est-à-dire que les Slaves revendiquent déjà cette contrée comme leur et y oppo-

sent leurs tendances et leurs idées aux tendances et aux idées allemandes.

Il y a des souvenirs français à Goritz. Charles X, roi de France, y est mort en 1836; il est inhumé dans la chapelle du couvent de Castagnovizza, situé au-dessus de la ville, sur une jolie colline. Les Franciscains vous y montrent dans une crypte les tombeaux du duc de Blacas, de la duchesse de Parme, de Marie-Thérèse de France, fille de Louis XVI, et du prince Louis, fils aîné de Charles X. Le corps du roi est placé sous l'autel de la Vierge. Goritz était de plus la seconde résidence de Mgr le comte de Chambord, qui vénait toujours y passer un mois ou deux chaque année. Le 3 septembre 1883, des milliers de Français accompagnaient en pleurant le corps de celui-ci, mort au château de Frohsdorf huit jours auparavant. Il repose lui aussi maintenant auprès des siens, dans le caveau de Castagnovizza. On lui a fait à la cathédrale de Goritz un enterrement royal.

A Monfalcone commence le *Karst* ou *Carso;* on a à droite la mer sans discontinuer jusqu'à Trieste; à gauche le désert, un pays de pierres énormes,

gigantesques, monstrueuses. C'est par conséquent
le pays des souterrains et des cavernes, des
sources et des cascades : ainsi voilà le *Timavo* qui
se perd sous le nom de *Recca* dans des grottes
voisines à *Divazza* et qui sort d'un rocher à *San
Giovanni*, après un cours souterrain de 40 kilomètres pour aller se jeter une demi-heure plus
loin dans la mer.

Nabresina; c'est un mot slave; les *na*, les *po*, les *za*
indiquent presque toujours un pays slovène. Toute
la campagne autour de Trieste et la basse classe dans
la ville appartiennent à la nation slovène, dont beaucoup parlent la langue. Trieste est un mot slavon ou
serbe : *Trst;* la lette *r* est une voyelle; les Serbes
écrivent en effet leur nom ainsi : *Srb*. L'*r* sert d'*e*
ou d'*i*. A Nabresina l'aspect du pays commence à
s'améliorer un peu; toujours le ciel bleu d'Italie; des figuiers, des oliviers, de la vigne et les
campaniles carrés des églises qui indiquent le voisinage de la Vénétie; mais c'est la mer qui attire
les regards; elle est étincelante, lumineuse, ma-
gique; quand on regarde bien, on la voit changer
de couleur rapidement dans un espace de temps
restreint; une fois, et dans le même moment, je

suis sûr d'y avoir observé jusqu'à sept teintes distinctes; tous les verts bleus connus et inconnus.

A notre droite, un peu avant Trieste, cette tour blanche qui tranche sur le vert d'un grand parc, c'est Miramar. Nous en reparlerons.

IV

TRIESTE — FIUME

L'aspect de Trieste. — Le Lloyd, une des gloires de l'Autriche.
— Prétentions folles de l'*Irredenta*. — Une pieuse visite à
Miramar. — Un grand empereur et un noble cœur. —
Soirée au *Boschetto*. — Dictionnaire magyar. — Fiume
port hongrois; son site poétique. — Première apparition des Slovènes. — L'escalier de Tersato. — La maison
de Nazareth. — Dans un paradis terrestre.

Belle entrée à Trieste; la voie ferrée, après avoir
traversé un long tunnel, arrive dans une gare immense qui a très grand air, et quand on est hors
la gare, la première impression subsiste. Sur la
place qui s'étend devant le débarcadère, belles
maisons, superbes hôtels; j'en remarque trois qui

sont vraiment merveilleux de hauteur et de style. Voilà une ville dans mes goûts : la langue, les habitudes, le type, le ciel italiens ; le fond allemand pour leur donner du ton et du nerf ; la forme est gracieuse, l'intérieur est solide ; c'est complet.

Promenade dans Trieste, qui se compose de deux parties bien distinctes : la ville neuve sur le port, la ville ancienne qui s'étend vers la citadelle. La ville neuve est régulière, percée de rues qui se coupent à angle droit, très propre, bien bâtie ; quand on n'est pas sûr d'être logé convenablement et quand on est fatigué, il est nécessaire de se loger dans le quartier neuf et dans les hôtels connus ; aussi nous nous trouvons bien à l'hôtel de l'Europe, sur la *piazza della Caserma*, place de la Caserne, près du Champ de Mars ; c'est en plein centre et il y a de l'air et des chambres spacieuses, une salle de restaurant qui ne finit pas. Néanmoins, ces avantages mis à part, je ne cache pas mes préférences pour les vieux quartiers, où l'on peut faire des études de mœurs si intéressantes et où l'on saisit au vol tant de scènes topiques qui vous initient de suite au caractère et à la vie d'une population. J'allai voir ces vieux quartiers et leurs petites ruelles où les maisons se touchent, où le soleil a peine à se glisser, où l'on rencontre mille boutiques, mille échoppes pleines de marchandises disparates; cela ressemble un peu à un bazar d'Orient, et d'autant mieux qu'on y vend les denrées orientales et qu'on y rencontre de temps en temps un grave personnage en babouches et en turban qui égrène son chapelet, ou un Grec des îles en jupon de soie rayé et en *tarbouch* rouge à gland bleu. Les mœurs seraient-elles par trop orientales? on pourrait le croire à certains indices.

Un canal rempli de petits navires pénètre dans la ville et nous guide vers le port; celui-ci est exposé aux vents du large et divisé en compartiments par des brise-lames; ses eaux sont profondes, son accès facile; le nouveau lazaret qu'on a construit tout près a un bassin qui peut contenir jusqu'à soixante-dix navires.

A Trieste, j'ai sacrifié tout ce qu'on pouvait visiter en fait de monuments à un seul : j'ai laissé de côté Saint-Nicolas des Grecs non unis, Saint-Antoine, Saint-Pascal, Sainte-Marie-Majeure et même la vénérable cathédrale bysantine Saint-

Juste, pour visiter le fameux *Tergesteum*; c'est le siège de la Compagnie du *Lloyd*. Quand on a dit Lloyd à Trieste et même en Autriche, on a dit tout; c'est là pour les Autrichiens un grand titre de gloire, c'est en particulier ce qui a fait la ville qui nous occupe (127,000 h.). Au commencement du siècle dernier, elle ne comptait guère que 6,000 habitants; existant depuis les Romains, elle n'avait jamais pu que végéter misérablement par suite de la jalousie de Venise, qui mettait sans cesse des obstacles à son accroissement. Sous Marie-Thérèse, elle n'avait plus guère que 3,000 âmes; sous Joseph II la population est de 25,000; mais alors ses relations avec les échelles du Levant commencent à se développer. Le grand essor date de l'établissement du Lloyd en 1833 et de l'achèvement du *Süd-Bahn*, chemin de fer du Sud, qui la met en rapport direct avec Vienne. En 1836, le Lloyd se place sous le patronage du gouvernement impérial et son succès est désormais assuré. Il comprend deux départements bien distincts : l'un qui est chargé des assurances et des renseignements commerciaux; l'autre qui a l'entreprise des services de navigation à vapeur.

Le Lloyd autrichien débuta avec sept bateaux à vapeur; au bout de dix ans il en avait vingt-cinq; présentement il en possède de soixante-quinze à quatre-vingts. Ces bateaux transportent chaque année 300,000 voyageurs et une valeur de 125 millions de florins en marchandises; ils touchent à presque tous les ports de l'Adriatique, de la Méditerranée orientale et de la mer Noire. Voici du reste l'énumération des lignes qu'ils parcourent.

Service de l'Adriatique.

1° Ligne de l'Istrie : de Trieste à Fiume par Pola et *vice versa*.

2° Ligne de Croatie : de Fiume à Cattaro par Segna ou par Zara, Spalato et Raguse.

3° Ligne de Dalmatie : de Trieste à Cattaro par Pola, Zara, Sebenico et Raguse.

4° Ligne de Trieste à Durazzo par Zara, Spalato, Lissa, Raguse et Antivari.

5° Ligne d'Albanie: de Trieste à Prevesa par Raguse, Antivari, Durazzo, et Corfou.

6° Ligne de Trieste à Venise.

Service du Levant.

7° Ligne directe de Trieste à Alexandrie par Corfou.

8° Ligne de Trieste à Constantinople par Corfou et Syra.

9° Ligne de Trieste à Smyrne par Ancône, Brindisi, Corfou, Zante, Syra et Scio.

10° Ligne de Syra au Pirée (Athènes).

11° Ligne de Syra à Candie par La Canée.

12° Ligne de Thessalie : de Syra à Constantinople par Salonique, Lagos, les Dardanelles et Gallipoli.

13° Ligne d'Égypte : de Constantinople à Alexandrie par les Dardanelles, Tenedos, Metelin, Smyrne et Scio.

14° Ligne de Syrie : de Constantinople à Alexandrie par Smyrne, Rhodes, Chypre, Beyrouth, Caïffa, Jaffa et Port-Saïd.

Service de la Mer Noire.

15° Ligne de Constantinople à Trébizonde par Ineboli et Samsoun.

16° Ligne de Constantinople à Odessa par Kustendje.

17° Ligne de Constantinople à Braïla, sur le Danube, par Soulina, Toultscha et Galatz.

18° Ligne de Constantinople à Varna.

Service de l'Extrême-Orient.

19° Ligne de Chine : De Trieste à Hong-Kong par Port-Saïd, Suez, Aden, Bombay, Colombo, Pinang et Singapour.

20° Ligne des Indes : De Trieste à Calcutta par Port-Saïd et Colombo.

Ces chiffres et cette nomenclature parlent d'eux-mêmes ; il est certain que le Lloyd autrichien tient une place brillante dans la navigation, et l'Autriche, tout en n'ayant qu'un seul grand port de commerce, n'a pas perdu son temps ; elle l'a rendu l'égal de Naples, de Gênes et de Marseille. Cette flotte du Lloyd, — qu'on ne l'oublie pas, — a 80 bâtiments sur un espace de mer relativement restreint. Nos deux grandes Compagnies Transatlantique et des Messageries Maritimes, qui parcourent toute la Méditerranée et la mer Noire, n'ont la première que

29 vapeurs, la deuxième 26. La flotte des Messageries, en comptant les paquebots de l'Indo-Chine, au total, ne va pas plus loin que 54 navires.

Que veulent donc les Italiens, les Italianissimes plutôt, quand ils impliquent Trieste dans leurs folles revendications de l'*Irredenta?* Non ! nous pouvons le dire, ce ne sont pas les Italiens qui auraient amené la prospérité commerciale du Lloyd ; pour cela, il fallait deux choses qui leur manquent absolument : la richesse et la ténacité ; c'est l'or de l'Autriche et c'est le caractère autrichien qui ont tout fait. Que les Italiens cessent donc leurs déclamations, qu'ils abandonnent leurs projets ; ils sont irréalisables et insensés. Quoique Trieste soit un pays de langue italienne, c'est la route de Vienne, c'est une place dont toute la prospérité est basée sur la connexité de ses intérêts avec ceux de l'intérieur, c'est-à-dire de la partie de l'Europe centrale dont elle est l'unique débouché maritime. Il ne s'agit pas ici de l'Europe occidentale. La France a Marseille, l'Italie a Gênes, Livourne, Naples, Brindisi, Venise. Il faut Trieste à l'Autriche : c'est d'absolue nécessité.

Et, encore une fois, quand je vois l'élément slave

arrivé jusque-là, je comprends encore mieux que
l'Italie n'ait rien à y faire ; cet élément qui déborde
à l'ouest constitue une frontière morale : la frontière physique et naturelle est dans les montagnes..
Un coup d'œil sur la carte fera voir que la teinte
blanche, la plaine où se trouvent Padoue, Trévise,
Venise, Udine appartient à l'Italie ; la teinte om-
brée indique le territoire autrichien ; ces montagnes
sont une barrière contre laquelle viendront se
briser les revendications italiennes. Elles se sont
élevées ; elles s'élèveront encore, souvent peut-être,
comme les légers nuages qui montent vers les
sommets et sur les flancs des collines ; ils ne mo-
difient pas l'aspect serein ni le front sévère des
géants des Alpes ; du jour au lendemain ils ont
disparu ; autant en emporte le vent ! C'est déjà
beau que l'Italie possède la Lombardie et la Vénétie ; qu'elle s'efforce de les garder et je souhaite
qu'elle leur rende la prospérité et le bien-être
dont elles jouissaient sous la domination de Vienne.
Voyez maintenant Venise, Venise, pauvre, triste,
ne vivant plus que de son antique renom !

Ce sont là les réflexions auxquelles je me livrais
tout en me promenant devant les beaux magasins et

à travers les larges galeries vitrées du Tergesteum, où la Bourse se tient de midi à 2 heures; mais comme il fait beau, très beau et pas trop chaud, c'est le cas d'aller jusqu'à Miramar.

La température est délicieuse à Trieste quand il n'y a pas de vent; quand il vente ou qu'il pleut, c'est autre chose. Un de mes amis qui était passé ici l'année dernière y avait été pris; il s'était trouvé complètement *muselé* dans sa chambre par le mauvais temps. Le vent était d'une violence incroyable et pénétrait celui qui tentait de sortir d'un froid glacial. Une petite pluie fine et froide venait compléter l'aubaine, de sorte qu'on préférait encore le séjour prosaïque d'une chambre d'hôtel à quelque *deambulatio* que ce fût. Et le pauvre ami manqua sa visite à l'arsenal et ne put voir l'armement du grand *Tegethoff*, le plus grand cuirassé autrichien; la mer étant trop mauvaise; même dans le port, me disait-il, on voyait les mâts osciller fortement.

La cause de cette tempête, c'était la *bora*, la fameuse *bora*, le fléau de l'Adriatique. Ce vent terrible descend du Nanos, montagne qui domine le désert du Carso, et il souffle par raffales en se dirigeant vers l'Adriatique; son champ d'action s'étend à tout le périmètre du Carso; c'est principalement le golfe de Trieste; il dure trois jours, il renverse le monde dans la rue, il renverse même les trains de chemins de fer; cela est arrivé au moins une fois.

L'archiduc Maximilien fit précisément connaissance du site de Miramar un jour de *bora*. Comme la tempête l'avait emporté avec son canot de plaisance jusqu'au cap Grignano, il aborda la côte et la trouva si belle et si bien abritée qu'il résolut d'y bâtir une résidence.

Nous sommes donc à Miramar pour voir le coucher du soleil dans la résidence favorite du pauvre empereur. Imaginez une mer aussi bleue que la Méditerranée entre Marseille et Toulon, la même côte de rochers abruptes plantée çà et là de pins et d'oliviers. C'est dans ces rochers qu'on a placé le château, son jardin et les nombreuses terrasses qui l'entourent. L'intérieur est plein d'objets d'art et surtout de souvenirs de Maximilien. Son cabinet de travail est la reproduction exacte de la cabine qu'il occupait dans le navire à bord duquel il a fait le tour du monde avec son frère. Il est dans un donjon dont le pied est baigné par la mer, de sorte que l'illusion est complète. Du reste, de toutes les fenêtres du château la vue est splendide. On se sent seul entre les rochers et la mer, loin de tout le monde. Au fond de la baie, on aperçoit dans le lointain Trieste qui s'étage majestueusement sur une colline; mais c'est si loin, que cette grande ville ne nuit en rien au cachet de solitude de tout le paysage. C'était et ce serait encore le vrai sanctuaire du travail et de la rêverie. Pour moi, j'en ai rapporté une profonde impression, et je comprends avec quelle douleur le pauvre Maximilien a dû quitter cette chère résidence où il vivait depuis de longues années, paisible, ne goûtant que les joies du travail et de la famille. C'est dans un petit pavillon détaché que la pauvre impératrice a appris la mort de son mari; c'est là qu'elle s'est enfermée et qu'elle est devenue folle de douleur. Tout cela fait un contraste navrant; la joie si complète suivie d'un chagrin si violent, hélas!

Trois fois honte au général français qui s'ingénia pour ainsi dire à tourmenter le meilleur des princes et qui arracha une ordonnance de mort fa-

tale à cet empereur qui avait toujours fait grâce
aux plus grands criminels! Mais la Providence
qui veille à tout a déjà su punir, et nous pouvons
tirer le voile sur les indignités et les trahisons
sans fin, du haut en bas de l'échelle, qui marquè-
rent cette funèbre aventure du Mexique. Mais
quand on pense aux ovations dont Maximilien
était l'objet à Trieste et à Miramar au moment
de son départ et à la froideur qui accueillit son
arrivée à la Vera-Cruz et au Mexique, le cœur se
serre et on se dit qu'il n'aurait jamais dû quitter son
jardin et sa chaumière des bords de l'Adriatique.

Quand il s'aperçut des dangers qui l'attendaient
au Mexique après le départ des Français, il eût
pu revenir; tout autre à sa place fut revenu; lui,
ne le voulut pas; il désira sauvegarder sa dignité d'empereur et de prince de la Maison d'Autriche. Il est tout entier dans l'allocution qu'il
adresse aux soldats et à la foule au pied du *Cero
de las Campanas* :

« Mexicains! les hommes de ma condition et
de ma race sont destinés à faire le bonheur des
peuples ou à en être les martyrs. Ce n'est pas
une pensée illégitime qui m'a conduit au milieu

de vous; c'est vous-mêmes qui m'avez appelé. Avant de mourir, laissez-moi vous dire que j'ai employé toutes mes forces en vue du bien. Mexicains, puisse mon sang être le dernier que vous verserez et puisse le Mexique, ma malheureuse patrie d'adoption être heureux! Vive le Mexique! »

Ce sont là paroles de roi ou d'évêque, de père ou de pasteur, de saint ou de patriote. Et il tomba, la figure inondée des chauds rayons du soleil des tropiques, les yeux tournés vers le ciel, et sa pensée vers son pays natal, son Miramar où il avait été trop heureux et sa bien-aimée femme qu'il adorait.

Ici-bas tout s'oublie : le deuil ne dure pas; nous le sentions bien ce dimanche-là à l'air de ête répandu sur tous les visages. Jamais je n'avais vu une ville aussi joyeuse, aussi coquette, aussi pimpante que Trieste. On voit que le dimanche est le jour du repos, le jour attendu pour le plaisir. Jusqu'à 4 heures, il fait chaud, et bon gré mal gré, l'on doit rester enfermé dans sa maison ; mais à quatre heures sonnantes tout le monde dehors! Les fenêtres des maisons blanches et roses sont garnies de volets verts dont la partie inférieure se relève. Tous les volets sont relevés et dans l'encadrement apparaît partout une tête brune avec une rose rouge dans les cheveux et deux yeux noirs, largement fendus à l'espagnole qui vous foudroient. Pour nous, nous étions sortis et nous étions mêlés à la foule; à peine pouvait-on avancer; nous sommes assez heureux pour avoir deux places dans un *tramway* à la *piazza della Caserma*, qui nous donne une correspondance à la *piazza dei Giovanni* pour le *Boschetto* vers lequel le monde affluait. Ah! les yeux jouent un grand rôle dans ce pays; les uns regardent, les autres sont regardés; on nous regardait sur le tramway jusqu'à nous mettre mal à l'aise; je ne mens pas en disant que nous fûmes passés en revue dans cette circonstance par vingt mille paires d'yeux.

Le jardin public de Trieste s'étage sur une colline ravissante, pleine d'ombre et de verdure; c'est un dédale charmant de chemins et de sentiers qui tournent, serpentent, se croisent et s'entrecroisent; on ne fait pas deux pas, sans rencontrer dans ce bois sacré un groupe de deux ou trois jeunes nymphes folâtres et rieuses qui sont là chez elles et vous le font bien voir. Je ne voudrais point pourtant être trop sévère; encore une fois, ici, l'œil joue le grand rôle; mais quelles petites curieuses! A l'immense brasserie du *Boschetto* la bière coule à flots; ce qu'on absorbe de glaces est incalculable, et, pendant ce temps-là, la musique joue avec un brio enragé; on entend les pistons, les flûtes et les trombones jusqu'à une heure avancée de la nuit.

Divin pays du soleil! si les *sartorelle* sont chez elles, les mendiants y sont aussi; ce n'est pas que les mendiants pullulent à Trieste comme de l'autre côté de la frontière, mais ils montrent la même familiarité que leurs voisins; le lendemain de ce dimanche, comme j'allais partir pour *Fiume*, il y en avait un à côté de moi, sur un banc, près de la gare : je lui avais donné un *kreutzer*, il se croyait obligé de me retenir pour me raconter ses petites histoires de cœur; si on est mendiant, on n'en est pas moins homme,

Homo sum et nihil à me...

Mais, je l'eusse dispensé volontiers de se livrer devant moi et trop près de moi à une chasse mi-

nutieuse et ardente dans son abondante chevelure et sur sa poitrine velue. Un autre jour, j'y
regarderai à deux fois avant de lâcher mon
kreutzer.

Dans notre compartiment monte un monsieur
très moustachu; grande taille, grands cheveux,
grande barbe, pommettes un peu saillantes, physionomie franche et ouverte ; comme il nous ins-
pire de la sympathie, nous lui adressons la parole
pour lui demander un renseignement. C'est un
Hongrois, il s'appelle F... Béla; Béla, nous expli-
que-t-il, veut dire Adalbert; il voyage pour une
usine de Buda-Pesth à laquelle il est attaché en
qualité d'ingénieur. Nous causons, mais c'est une
véritable gymnastique intellectuelle, car nous
sommes obligés absolument d'employer quatre
langues pour exprimer nos idées : l'allemand,
l'italien, le français et le hongrois ou magyar.
Oui! nous parlons magyar.

Et ceci me suggère tout naturellement l'idée
de demander à notre compagnon de route qui
est très aimable, très obligeant, de vouloir bien
nous composer un petit dictionnaire français-
magyar, puisque nous allons entrer en Hon-

grie et que nous ne savons pas un traître mot de
la langue qu'on y parle.

— Comment dit-on : Où est l'hôtel, où trouve-
t-on une chambre ? — *ol vhan vendégleu soba.*

Manger ?	*Énni*
Pain ?	*Kénier*
Viande ?	*Ouche*
Vin ?	*Bor*
Eau ?	*Vis*
Donnez-moi ?	*Attione*
Je désire ?	*Kivanoc*
Oui ?	*Iguène*
Non ?	*Nem*
Merci ?	*Keseneum*
Chemin de fer ?	*Vachouta*
Voiture ?	*Kotché*
Pour aller à Carlstadt ?	*Carlsdadt-rà*
Eglise ?	*Templum*
Couvent ?	*Clocheterôme (Claustrum)*
Florin ?	*Forinnte*
Kreutzer ?	*Kreutzar*
Combien ?	*Agne*
Bonjour ?	*Niouna-pote*
Bonsoir ?	*Io-échetéte*

Content, Bien, Bon ?   *Iovane*
Pays ?   *Vidèke*
Beau ?   *Sèp.*

Je suis enchanté de mon idée et je m'imagine que je parcourrai tout le pays sans encombre et ne serai jamais embarrassé pendant le reste de mon voyage, puisque je saurai désormais exprimer mes principales idées. Impossible ainsi de coucher à la belle étoile, impossible de mourir de faim ou de soif ; nous aurons des moyens de locomotion et nous ne nous fatiguerons pas trop ; nous trouverons les églises et les couvents hospitaliers ; nous pourrons même au besoin être très polis et faire aux Hongrois un petit compliment à l'adresse de leur pays, ce qui ne gâte jamais rien et ne nuit pas à la cause. On verra ce qu'il en fut deux jours plus tard.

Dans un voyage comme celui que nous faisions, la question de la langue se trouve fort compliquée. La monarchie austro-hongroise est une tour de Babel : 11 millions d'Allemands ; 7 millions de Tchèques, Moraves et Slovaques ; 6 millions de Magyars ; 3 millions et demi de Ruthènes ; 3 millions de Croates et Serbes ; 3 millions de

Roumains; 3 millions de Polonais; 1 million et demi de Slovènes et 620,000 Italiens. Tous ces peuples parlent des idiomes différents; c'est un grand embarras pour l'étranger qui saura souvent l'allemand ou l'italien, mais jamais les autres langues, inutiles du reste, hors de l'Autriche.

La ligne de Fiume se dirige d'abord vers le nord, puis brusquement à Nabresina, où nous sommes déjà passés, elle oblique au sud-est, et à Saint-Peter prend tout à fait la direction du sud : une demi-journée de route à travers l'affreux Carso, une mer de pierres et de cailloux avec de petits arbustes rabougris çà et là qui sont comme les îlots de cet océan pétrifié. Aux approches de Fiume la verdure reparaît et à Castua le paysage a totalement changé. C'est la végétation luxuriante du Midi, ce sont des rideaux d'arbres verts, des champs fleuris, des villas embaumées, et puis la mer, le golfe de Quarnero, ses rivages couverts de citronniers et d'orangers, ses anses gracieuses, ses barques légères, son ciel oriental.

Fiume, en slave *Rieka* (15,000 h.), ainsi nommée, à cause de son fleuve qui jaillit du roc à proximité de la ville; la *Tersatica* des Romains n'appartient pas au comitat désigné sous le même nom; elle est administrée depuis 1870 par un gouverneur spécial qui relève directement du ministère de Pesth, du gouvernement royal de Hongrie; de même pour les trois villages de sa banlieue. Ainsi nous sommes en Hongrie; chose singulière! la ville a un aspect italien prononcé; le peuple est serbo-croate et parle cette langue et la division politique des provinces assigne Fiume à la Hongrie; les avis sur les chemins, les plaques indicatrices et les poteaux kilométriques sont écrits en hongrois, que peu de monde comprend ici puisqu'il faut traverser toute la Croatie, distante de quelques centaines de mètres, pour arriver à un pays complètement magyar. Voilà de ces choses qui renversent un Français habitué à l'unité politique et au mélange des nationalités et des provinces accompli chez nous depuis un si long temps.

Bien malgré moi, un omnibus qui ressemble à tous les omnibus va nous conduire à un hôtel qui ressemble à tous les hôtels. C'est l'hôtel de l'Europe, sur la place du port. On y est bien, mais ça me dépoétise la Hongrie; j'aime tant les bonnes et vieilles auberges de second ordre où l'on se trouve coude à coude avec le peuple et les petites gens !

La vieille ville est bâtie au pied des falaises; on y entre par la porte de l'Horloge donnant sur le Corso, une rue de la nouvelle ville; on y voit un arc de triomphe romain assez délabré et les deux églises de l'Assomption et de Saint-Vit. Si vous voulez admirer un vieux coin d'un autre âge et connaître le xvie siècle, allez là; enfoncez-vous dans les ruelles tortueuses, entrez dans les boutiques en forme de caves, essayez de faire causer les femmes, les *bambini*, les matelots; — tout le monde vit dehors ici, — montez les escaliers branlants, regardez à travers les barreaux de fer des fenêtres, ou par-dessus les murs de ces jardins, pénétrez dans les cours; enivrez-vous de soleil, de poussière et de crasse; le plus beau, c'est encore quand on découvre un groupe de palmiers, une jolie haie de cactus, ou au bout de quelque ruelle ou par la baie d'une porte toujours ouverte un coin de mer bleue qui miroite et scintille tout là-bas, au loin.

La ville moderne a plusieurs édifices de bonne

mine ; elle est bâtie sur les quais d'où on jouit d'une vue superbe. Autrefois la *Fiumara* que nous verrons tout à l'heure, servait seule de port ; les navires ne pouvaient mouiller que là ; mais les Hongrois se sont piqués d'honneur, ils ont voulu faire grand ; ne possédant qu'un seul port, ils le désirent beau ; donc, ils ont construit un môle remarquable, muni d'un phare et abrité contre le vent. Si les difficultés de la navigation dans le golfe du Quarnero n'en détournaient pas un peu les navires étrangers au pays, Fiume serait la rivale de Trieste ; pourtant le mouvement des navires qui y abordent représente un total de 5,000 et son commerce a atteint un chiffre de 37 millions de francs. A Trieste, le mouvement annuel de port s'élève à 16 ou 18,000 navires, et l'ensemble des échanges est évalué à un milliard de francs. Fiume ne reçoit guère que des bâtiments qui font le cabotage : Trieste est en relation de trafic non seulement comme ses voisins avec l'Istrie et la Dalmatie, mais encore avec la Grèce, l'Égypte, la Turquie, la Roumanie, l'Italie, la France, l'Angleterre et le Brésil.

Nous courons après le pittoresque et nous allons

du côté de la Fiumara, à l'extrémité de la ville;
un assez joli jardin longe les bords de la rivière
qui coule en flots pressés, non loin de sa source,
aux pieds du mont Tersato se dressant presque
à pic, du côté opposé à la promenade. Un peu plus
loin, dans la gorge formée par les montagnes, se
trouvent les établissements de l'industrie locale;
des minoteries considérables et des fabriques de
papier renommées. Nous allons passer sur le pont
de la Fiumara; mais auparavant un coup d'œil à
ces bornes grossièrement sculptées qui sont sur
la rive; elles représentent des têtes de Turcs ou
de Bosniaques. Que d'injures et d'avaries ont dû
subir ces pauvres croyants, depuis le temps qu'ils
sont là, enterrés à moitié dans la terre infidèle des
giaours!

Sur le pont, en passant, une apparition : quelque
chose de monstrueux pour des yeux parisiens.
Quoi? Une pauvre femme slovène, vêtue d'une
simple chemise blanche, relevée jusqu'aux genoux,
la tête couverte d'un méchant foulard; ses traits
sont grossiers, ses mains noires et calleuses. Elle
s'avance, se dirigeant vers la ville, courbée péni-
blement sous un pesant fardeau, un ballot énorme

tout un ménage probablement. Et derrière la pauvre bête de somme, le mari s'avance fièrement, campé à califourchon sur un petit âne, la longue pipe turque à la bouche ; il trouve la chose toute naturelle ; on le convaincrait difficilement du contraire. J'avais déjà vu cela souvent ; mais en Orient, ou en pays sauvage. En Orient, n'y sommes-nous pas déjà ?

Quand on a quitté les bords de la Fiumara on fait quelques pas droit devant soi et l'on se trouve sous un petit arc en pierre qui donne accès dans une cour ; délicieux endroit que tout peintre et que tout poète devrait venir voir ; au bout de la cour, un large escalier qui monte, qui monte toujours sur les flancs de la colline et n'en finit plus. Toutes les cent marches, un arc en pierre comme en bas et une chapelle où les dévots Fiumans entretiennent avec soin une lampe allumée devant la madone. A droite, à gauche de ce chemin en escalier, des vignes, des villas champêtres, des fontaines. Nous qui montons, nous faisons route avec une troupe rieuse de jeunes femmes qui ne se gênent guère pour nous interpeller. — Comment vous appelez-vous ? dis-je à l'une d'elles. —

Thérèsa. — Eh bien! Thérèsa, soyez Rébecca pour le moment, j'ai bien soif! — Et la voilà qui, sans se faire plus prier, entre dans une cabane voisine et demande un verre; elle le rince proprement, le remplit d'eau fraîche et nous offre à boire.

En haut, tout en haut, sous les châtaigniers, on arrive à un village, en passant tout près du château des Frangipani, une ruine enguirlandée de lierre et de chèvrefeuille. Nous apercevons un peu en arrière une église et son campanile, et par curiosité autant que par dévotion nous entrons là. Sans nous en douter nous étions dans le lieu où fut d'abord transportée la maison de Nazareth, la *Santa Casa*, avant d'être transférée à Lorette. Le doute n'est pas possible: voici des fresques qui représentent le miracle, voici des inscriptions qui le rappellent.

« *Urbanus Pontifex maximus anno 1367, supplicantibus Frangepanis ad leniendum Tersactensium dolorem, transmisit iconem B. Virginis Divi Lucæ manu in tabellâ cedrinâ penicillo adumbratam.* »

« Le pape Urbain, l'année 1367, sur la prière des Frangipani et pour adoucir le chagrin des habitants de Tersato, leur a envoyé un portrait de la sainte Vierge, peint par saint Luc. » — Ce portrait nous pensons bien le voir tout à l'heure.

« *Illustrissimus D. Comes Frangepanus ut semetipsum suosque subditos solaretur hic ubi alma Domûs steterat, in relictis vestigiis quæ solo impressa dignoscebantur, Capellam suis sumptibus superædificari jussit.* »

« L'illustre comte Frangipani, pour sa consolation et celle de ses vassaux, a fait élevér à ses frais une église à l'endroit même où la maison de la Vierge s'était arrêtée et où on en voyait encore les traces imprimées sur le sol. »

Voici un bel autel en mosaïque et la statue de la Vierge ornée d'une brillante couronne; voici encore gravés sur les murs des vers naïfs et touchants qui redisent la piété des enfants de Marie.

Hùc cum Domo advenisti
Ut qua pia mater Christi
Dispensares gratiam.
Ædem quidem hinc tulisti
Attamen hic permansisti
Regina Clementiæ.
Nobis inde gratulamur
Digni quod hîc habeamur
Maternæ præsentiæ.

« Vous êtes venue ici avec votre maison, ô mère du Christ, afin de répandre par ce moyen votre grâce sur nous !

« Il est vrai que vous avez transféré ailleurs votre maison ; mais, ô Reine de miséricorde, vous êtes, vous, demeurée ici !

« Et nous vous remercions du fond du cœur, puisque nous avons été jugés dignes de posséder notre mère avec nous ! »

C'était une charmante surprise ; déjà un prêtre français, M. l'abbé Neyrat de Lyon, passant ici un peu avant nous avait eu la joie lui aussi de cette découverte ; il l'a racontée en termes émus dans un ouvrage tout récent. On va aux Lieux Saints en Palestine, à Nazareth ; on va à Lorette en Italie voir la célèbre maison ; on oublie peut-être un peu trop l'endroit où Dieu voulut qu'elle s'arrêtât pour la première fois en Europe. Et chacune de ces étapes a béni la contrée d'alentour et ses humbles habitants, comme chacune des apparitions de la douce Vierge apporte le salut, la paix, la consolation à ceux qui la voient ou qui viennent la prier là où on l'a vue.

Nous entrons dans le cloître, où un frère nous

conduit près d'un religieux qui nous accueille fort gracieusement dans sa cellule. C'est le maître des novices, car il y a ici un noviciat de l'ordre des Franciscains ; sa cellule est pauvre, mais spacieuse ; un lit très mince couvert d'une multitude d'*in-folio* et. d'*in-quarto;* une table et une bibliothèque en bois blanc, chargées de livres et de papiers et une petite fenêtre avec une vue, une vue splendide sur les flancs de la montagne, la ville et la mer. Il doit faire bon prier et travailler ici; il y a par le monde de ces recoins célestes où l'âme, ensevelie et comme morte aux choses de la terre, plane au-dessus de tout et prend plus facilement son vol vers le bon Dieu : on sentait qu'on était dans un de ces endroits-là.

Le bon maître des novices nous faisant de nouveau traverser le cloître encombré de confessionnaux à l'usage des grands jours de pèlerinage, voulut nous montrer lui-même la peinture de saint Luc. Victor Tissot l'a vue comme nous, car il a passé ici dans son *Voyage au Pays des Tsiganes*, et malgré son scepticisme d'homme du monde, je lui suis reconnaissant d'avoir trouvé que cette tête de madone est « vraiment raphaélesque,

adorablement douce et d'un sentiment exquis ;
qu'elle a les yeux profonds et chastes, la physionomie sereine et auguste et qu'elle est certainement l'œuvre d'un peintre inspiré ». Pourquoi,
s'il vous plaît, ce peintre ne serait-il point saint
Luc ? j'ai la naïveté de le demander.

Le chercheur de Tsiganes en sortant de l'église
était entré dans une auberge, où un coq peint sur
la porte criait aux passants cette gasconnade dans
son *coricoco :*

> *Quando questo gallo cantara*
> *Credenza si fara*

« Quand ce coq chantera, crédit l'on vous
fera. » Nous y sommes entrés nous aussi ; nous y
avons bu d'excellent vin et nous y avons vu,
comme notre devancier, les mêmes tonneaux,
dans la même salle, rangés sur le même che-
valet.

Ce qui nous fit le plus de plaisir, ce fut de rencontrer à la porte de ladite auberge une calèche
de place qui, pour un prix modique, nous ramena
à la ville par des chemins qui serpentaient le
long de la colline. Cette course est une des plus

jolies que j'ai faites. Assis commodément sur les coussins de notre voiture, nous nous taisions et nous regardions devant nous l'admirable panorama qui s'étalait à nos pieds. Quand on a vu pareille merveille, on y pense, on y rêve sans cesse, et le regret vous poursuit longtemps, le regret de ne pas pouvoir rester là huit ou dix bonnes journées, pour se rassasier pleinement de verdure, de senteurs et d'azur. C'est toujours le charme des campagnes italiennes. qui se dégage ici, mais il se fait sentir avec plus d'intensité et de force et semble dire : « **V**a, pauvre voyageur, va sous d'autres cieux, tu me reviendras; » et je disais oui intérieurement; je le dis encore.....

Il n'y a pas de meilleure manière de finir sa journée que d'aller au *Giardino Publico;* c'est du côté de la gare, un peu loin; mais on est bien dédommagé de la course par le plaisir que l'on éprouve à circuler dans les allées de ce paradis terrestre : une forêt de lauriers, des arbres exotiques partout, des camélias qui poussent en pleine terre.

On dîne à la brasserie, sur une belle terrasse en plein air : il faut prendre garde au vin 'du pays, il est un peu dangereux, mais exquis. Après cela une petite promenade en mer; nous ramons nous-mêmes jusqu'à une jetée qui est en construction à notre droite et nous allons tout près du phare provisoire. En revenant nous avons bien en face de nous l'École navale, cachée dans les arbres et les fleurs. Les réverbères jèttent sur les quais une lueur douce et discrète et les groupes de promeneurs vont et viennent comme des ombres. A onze heures nous allions goûter un repos bien mérité; le lendemain nous devions nous enfoncer vers l'Est en pleine Croatie.

V

EN CROATIE. — LES TRAPPISTES

Un pays tout nouveau. — Le grand amiral Tégéthoff. — Un
souvenir aux vaillants Uscoques. — Les femmes croates.
— Qu'est-ce que la Croatie? un mot d'histoire. — Le
lien religieux de la monarchie austro-hongroise. — Une
aventure à Karolyvaros. — La campagne croate. — Arrivée
chez les Trappistes de Récica. — Dîner frugal. — Le révérend abbé dom Jehan, baron de Durat. — La règle de
la Trappe. — Fondation de Récica. — Promenade nocturne.
— Nuit passée dans le vieux château seigneurial. — Au
pays des Tsiganes. — Organisation politique de la Croatie.
— Nous traversons le Kulpa. — Les Confins militaires.
— Chez le maître d'école et chez le curé de Récica. —
Habitations croates.

En troisième classe; c'est là où l'on est le mieux
en voyage pour juger les hommes et les choses :
nous sommes avec tout une bande joyeuse qui

va à une fête, un peu plus loin que Fiume, à Buccari; on chante, on rit; *si parla italiano sempre*. Comme il faut faire peu de frais pour se mettre bien avec ces bonnes gens! en nous quittant ils nous regrettent, et les hommes et les femmes, tous nous donnent de fortes poignées de main. Nous traversons l'extrémité du Carso; c'est dire que le paysage n'est point beau; mais il change bientôt d'aspect, à Verbovszko, où nous voyons la gare juchée tout en haut d'une collinette; nous retrouvons des arbres et des champs. Voici les noms des stations jusqu'à *Carlstadt* ou *Károlyváros* : Buccari, Meja, Plase, Lic, Fuzine, Lokve, Delnice, Skrad, Camer-Moravice, Verbovszko ou Vrbovsko, Gomirje, Ogulin, Touin, Generalskistol, Dugaresa et Károlyváros. Ces noms indiquent un pays tout nouveau.

De Fiume à Verbovszko la locomotive s'avance tantôt à droite, tantôt à gauche, et nous faisons face tantôt à la montagne et tantôt à la mer. C'est pour nous une joie quand nous apercevons l'Adriatique. Qu'elle est belle! qu'elle paraît vaste et imposante avec la grande île de Veglia et l'archipel environnant! on dirait un Océan : je regrette toujours de ne point avoir été jusqu'aux jardins parfumés de Volovska; la veille, on nous avait montré le curé de l'endroit faisant sa promenade à cheval sur la route de Fiume; un beau jeune homme : chapeau rond, redingote noire et grandes bottes à l'écuyère que l'on porte partout, à cheval ou à pied; on ne les quitte jamais. Comme cela me donnait l'envie de faire une chevauchée jusque là-bas et même jusqu'à Pola, ce port de guerre de l'Autriche, qui n'est pas sans gloire depuis 1866.

C'est de là en effet que le grand amiral Tégéthoff partit avec ses matelots intrépides, presque tous Dalmates ou Istriotes, et ses mauvais vaisseaux pour aller à la recherche de l'amiral italien Persano, qui parcourait l'Adriatique, sans douter un instant du succès. Tégéthoff avait cuirassé ses navires en bois en les couvrant de chaînes de fer, à bâbord et à tribord; il s'élança comme un lion sur l'escadre italienne, troua et coula le *Re d'Italia* et par un coup d'audace sans pareil mit en fuite l'ennemi, en faisant sauter un autre navire, le *Palestro*. Ce mémorable fait d'armes se passait devant Lissa, la plus grande des îles dalmates; l'Autriche avait

la victoire sur mer, l'honneur des armes était sauf.
Depuis, l'amirauté impériale a fait des merveilles.
Héritière des anciennes traditions de Venise, elle
les fait revivre : ses marins, après trois années de
service actif, font trois ans de réserve. Elle a présentement une flotte de 60 bâtiments, une force de
16,086 chevaux vapeur, 350 canons à bord et une
armée navale de 12,000 hommes. La flotte à vapeur
se compose d'une dizaine de cuirassés, cinq ou
six frégates, dix corvettes, six canonnières et
plusieurs monitors et transports de guerre.

On trouve à Pola un arsenal, des chantiers et
des magasins ; à Muggia, non loin de là, il y a
aussi un chantier pour les bateaux à vapeur. Les
ports militaires sont Lussin-Piccolo, Lissa, Raguse
et Cattaro.

Le personnel de l'état-major se décompose ainsi :
un chef de la marine qui appartient au ministère
de la guerre et qui a le commandement de toute
l'armée de mer ; une dizaine de vice-amiraux ou
contre-amiraux, 20 capitaines de vaisseau, 600 officiers de tous grades, en comptant les aspirants
ou cadets de la marine.

N'est-ce pas non plus sur cette mer attirante

et délicieuse qu'ont vécu les Uscoques? oui, ils y ont vécu, ils s'y sont battus, ils y sont morts! Au xvie siècle, les chrétiens, qui luttaient pied à pied contre la puissance musulmane, avaient leurs irréguliers, leurs pelotons d'avant-coureurs et d'enfants perdus : on les appelait Uscoques. Honneur à ces vaillants guerriers, si dévoués au Saint-Siège, **si** chrétiens, si courageux et si habiles qui ont tenu tête au Turc souvent avec un bonheur inouï. Audacieux, aventureux, agiles sur terre et sur mer, ils avaient placé leur capitale là tout près, à *Zeng* ou *Segna;* protégés d'un côté par l'Adriatique, ses rochers et ses passes difficiles, de l'autre par la montagne. N'en déplaise à leurs calomniateurs, c'étaient des gens de mœurs pures, très pieux, très dévots ; Notre-Dame de Tersato de Fiume était leur patronne et ils lui donnaient sans jamais manquer, la première part de leur butin de guerre. Sur l'Adriatique, dans cette petite anse retirée et peu aisée à aborder, il y a un coin béni du ciel : le seul pays des possessions de la maison de Habsbourg où le protestantisme n'ait pas eu de succès. Voilà une récompense d'en haut ! On ne se rend pas bien compte comment

Venise ne comprenait pas les services que les vaillants Uscoques rendaient à la chrétienté ; ils formaient une véritable barrière, une digue contre le torrent musulman ; la jalouse république ne cessa point de les calomnier près de l'archiduc résidant à Gratz et représentant l'empereur.

Ogulin, dans un pays toujours un peu accidenté ; à la gare, les voyageurs qui sont passés avant nous, et qui ont écrit leurs impressions, ont trouvé les premiers échantillons de la race indigène, cela nous est aussi arrivé ; on leur a offert des fraises, on nous en a offert. Est-ce donc là le costume du pays ? En vérité, on se croirait en Orient, en Égypte. Ces femmes qui se tiennent sur le quai en longue chemise blanche, serrée à la taille par une ceinture rouge ou bleue, la tête couverte d'un voile, le teint brun et hâlé, avec des bijoux d'argent ou de fer aux poignets, un collier de vieilles monnaies ou pièces d'argent au cou, ces Slavones, ressemblent absolument aux fellahines d'Alexandrie ou de Jaffa. Il n'y a pas jusqu'à leur langage qui ne puisse compléter l'illusion ; on croirait les entendre parler en arabe

Pauvres femmes! leur type n'est point beau, mais il y a un air de bonté telle, répandue sur leurs figures; elles ont des paniers pleins de fraises des bois qui sentent si bon et qu'elles ont été chercher si loin, que nous leur en achetons un; un tout entier, contenant et contenu, pour rapporter le grossier panier à Paris. Çà nous coûte dix sous; en voyant la petite pièce, elles bondissent de joie; nous sommes persuadés que nous aurions eu nos fraises pour quelques kreutzers. La voie court désormais au milieu de vastes plaines et de champs de froment; nous arriverons bientôt à Carlstadt.

Rendons-nous bien compte de l'endroit où nous sommes. — Qu'est-ce que la Croatie? La Croatie est une province de l'Empire austro-hongrois appelée aussi Illyrie hongroise parce qu'elle est rattachée politiquement au royaume de Hongrie. Elle est bornée au nord et à l'est par la Hongrie, dont elle est séparée par la Drave et le bas Danube (à l'endroit où elle touche Belgrade); au sud par la Serbie et la Bosnie, dont elle est séparée par la Save et l'Unna; à l'ouest par la basse Styrie (Gratz), la Carniole (Laybach), l'Istrie (Trieste-Fiume), le golfe de Quarnero et la

Dalmatie. Elle comprend la Croatie proprement dite, à l'ouest la Slavonie, à l'est le district de Fiume et aussi les anciens Confins ou Frontières militaires; ceux-ci sont composés de neuf districts, qui répondent aux anciennes circonscriptions des neuf régiments des Confins: trois à l'est: Peterwardein, Brod et Gradiska, qui relèvent de la Slavonie; trois au milieu, situés entre la Kulpa et l'Unna: ceux de Petrinia, de Glina (les deux anciens régiments du ban) et de Sluin; trois à l'ouest: ceux d'Ogulin, d'Otocatz et de Licka près du comitat de Fiume et de la Dalmatie.

La Slavonie ou Esclavonie, comme on l'appelait autrefois, doit son nom aux Slavons dalmates qui s'y établirent les premiers en 797. Elle passa sous la domination hongroise en 1165.

Quant aux Croates, ils se convertissent au VIIe siècle, vers l'année 622, sous le pontificat du pape Boniface V et sous le gouvernement de l'empereur Héraclius, qu'ils avaient aidé dans ses guerres contre les barbares : la hiérarchie ecclésiastique est établie à cette époque; c'est le premier peuple slave qui accepta le christianisme; on conçoit dès lors l'intérêt qui s'attache à cette vaillante nation. Hélas!

qui s'occupe des Croates en Europe à l'heure présente, si ce n'est le pape Léon XIII, qui vient récemment encore d'exalter la gloire de leurs premiers apôtres, les saints Cyrille et Méthode et qui va, dit-on, fonder à Rome un séminaire pour les Slaves catholiques ?

Charlemagne se fit aider par les Croates pendant qu'il combattait les Avares ; voilà une nation essentiellement militaire dans le principe. Au IXe siècle leur chef prend déjà le titre de *Ban*; plus tard il y eut un roi et un royaume de Croatie. Après la bataille de Mohatch, en 1526, les Croates reconnaissent pour roi l'empereur d'Autriche Ferdinand, qui prend le titre de roi de Hongrie et de Croatie. Quelle est la véritable raison de cette union politique? Les Croates ont les yeux sans cesse fixés sur les Turcs, leurs terribles voisins : c'est pour s'appuyer sur l'empereur et mieux leur résister.

Ils ont neuf siècles d'existence et les guerres contre les Turcs vont commencer; ceux-ci viennent de s'emparer de la Bosnie : c'est la guerre sainte, c'est la guerre permanente; on la divise en grande guerre et petite guerre; celle-ci se faisait

sur la frontière entre voisins. C'est le temps des
guerillas, des combats avec les troupes irréguliè-
res au service des Turcs (Tsiganes, Bohémiens,
Valaques et Albanais) ; c'est le temps des razzias,
de l'esclavage en grand, du rapt, du crime conti-
nuel, de la ruine, du pillage des villes et des maisons. En ce temps-là, on ne labourait les terres
près des villes qu'à une distance que les boulets
de canon pussent atteindre et défendre.

Cela dure combien de temps ? — Toujours ; on
ne l'a pas assez dit, on ne le dira jamais assez :
la Croatie fut une admirable nation militaire et
chrétienne, dévouée à son souverain. Malgré les
offres des sultans, malgré surtout les offres du
grand Soliman, elle s'opposa continuellement aux
Turcs, pour leur fermer la route de l'Italie et la
route de l'Allemagne. Ses voisins, la Hongrie en
particulier et Venise avant tous les autres, exploi-
tèrent les Croates plus que de raison. Nous ne
pouvons point faire l'histoire de cet intéressant
coin de terre, mais elle est tout entière dans deux
mots : la lutte sans fin au moyen âge et jusqu'au
siège de Vienne, qui marque la défaite et la déca-
dence de l'empire ottoman. Après cela nous voyons

que les Croates respirent un peu sous le gouvernement de Marie Thérèse : son habileté féminine servit beaucoup pour amener l'unité dans ses États. Joseph II fut, lui, beaucoup moins habile dans l'introduction en Croatie du code allemand ; il fit une foule de réformes qui n'aboutirent à rien qu'à exaspérer ses peuples, comme il arriva en Croatie lors de ses projets de routes et de nivellement.

Pendant ses guerres et quand Napoléon maniait la carte d'Europe à sa volonté, il fonda un nouveau royaume d'Illyrie ; celui-ci se composait de la partie de la Croatie qui était au-delà de la Save (Carlstadt et Fiume), de la Dalmatie et de la Carniole avec deux villes principales : Laybach et Zara. Le code français y fut introduit, y amenant ainsi une procédure dont les formes étaient beaucoup plus douces que sous l'ancien régime ; ce fut Marmont, duc de Raguse, qui gouverna le royaume d'Illyrie : il est incontestable que cette administration ne déplut pas trop aux Croates ; les Français, entre autres choses, dotèrent le pays d'un système de très bonnes routes, et aujourd'hui encore les Dalmates et les Croates se souviennent avec plaisir et reconnaissance des bienfaits de l'occupation française. Elle ne pouvait guère durer après la désastreuse retraite de Russie ; le duc de Raguse partit avec son corps d'armée et la Croatie revint naturellement à l'Autriche qui maintint la division des provinces ; c'est-à-dire le royaume d'Illyrie avec une moitié du pays croate et l'autre moitié comprise entre la Drave et la Save. En 1822, sous le règne de l'empereur François, la réunion fut proclamée et l'ancien état de choses rétabli, mais non la langue nationale ; ce n'est qu'un peu plus tard, lors du réveil de la nationalité croate, que la langue allemande fut abandonnée.

On voit par combien de troubles et de vicissitudes ce pays intéressant a dû passer et quelle constante énergie il lui a fallu pour défendre son indépendance, sa constitution, ses libertés, son autonomie. Et maintenant le slavo-serbisme appuyé par la Russie, par son argent et par ses intrigues, convoite peut-être la Croatie et son annexion au nom du panslavisme, lequel, hâtons-nous de le dire, ne peut être qu'une affaire de linguistique et non une chose politique.

Sans doute, l'Autriche-Hongrie est une macédoine de peuples, comme on l'a dit ; sans doute,

dans cet assemblage on ne compte pas moins
d'une dizaine de races très distinctes et représen-
tées chacune par un chiffre assez fort; sans doute,
les Slaves à eux seuls forment autant que les Allemands et les Magyars réunis; mais les distances
territoriales et les différences de traditions historiques et de religions qui les séparent, ne permet-
tent pas de les considérer comme des éléments
propres à former un véritable corps de nation.
Les Slaves de l'Autriche-Hongrie sont coupés en
deux par les Allemands et les Hongrois, nationalités dirigeantes; ils n'ont point non plus les
mêmes tendances ni la même langue. La question
des religions ici est une question importante, et
pour ce qui concerne les Croates qui nous occupent
spécialement, on ne voit pas bien comment ils
pourraient s'accorder avec leurs frères serbes ou
russes qui appartiennent à l'Église grecque ou or-
thodoxe. Tout ce qu'ils peuvent donc désirer et ce
à quoi ils peuvent prétendre, c'est à déployer
plus largement au sein de la monarchie leur influence politique; eux, qui avaient une couronne
héréditaire, ils se souviendront qu'ils se sont engagés irrévocablement **pour la dynastie de Habs-**

bourg, le jour où ils ont choisi Ferdinand, roi de
Bohême et archiduc d'Autriche, père de l'empereur Charles-Quint. Le Slave catholique sous la
protection maternelle de l'Autriche catholique,
rien ne vaut cela ; et la meilleure des garanties pour
les peuples est le lien religieux, la communauté
de religion, comme aussi dans une famille on
trouve un point de ralliement et un signe d'accord
dans la pratique religieuse universelle, quelle que
soit du reste la différence des habitudes et des
caractères. Que les Slaves, que les Croates longtemps comprimés et contrariés dans le dévelop-
pement de leurs libertés, prennent garde à l'influence de certaines suggestions perfides qui les
rendraient malheureux à jamais !

. C'est l'archiduc Charles résidant à Gratz et à
qui l'empereur Rodolphe II abandonnait la défense
des provinces méridionales, qui bâtit la ville de
Karlovatz ou Carlstadt ; elle devint la capitale de
la défense militaire. A cette époque, l'armée allemande était en permanence sur la frontière ; alors
il était de bon ton en Europe, parmi les gens de
noblesse, d'aller combattre les Turcs en pays
croate. J'avoue bien avoir ignoré tout cela pendant

longtemps, et je crois que mes chers compatriotes
ne l'ont jamais su, l'histoire de la Croatie étant une
des moins connues de toutes celles de l'Europe.
Il n'en est pas moins vrai qu'en ce moment le
train entre en gare à Karolyvaros et les premières
personnes que nous rencontrons sont deux Trap
pistes français, qui montent dans le compartiment
d'où nous descendons. Nous avons à peine le
temps de leur demander : « Mes pères, y a-t-il
loin d'ici au couvent des Trappistes de Récica ? »
— Il faut deux heures de voiture. — Trouverons-
nous une voiture facilement ? — Oui, cela vous coû-
tera 2 ou 3 florins. — Les pauvres pères ne nous en
disent pas plus ; tous deux d'ailleurs, semblent un
peu malades et tomber des nues en se trouvant
aux prises avec des Français qui ne sont pas du
couvent. On nous avait bien dit que nous ren-
contrerions des Français sur notre route ; j'avoue-
rai qu'à Fiume il m'avait semblé entendre retentir
dans quelque coin de l'hôtel de l'Europe, les
accents de ma langue nationale ; ce fut tout. Il
paraît que les Français viennent en Croatie cou-
per les arbres des forêts et font le commerce du
bois pour l'exportation.

Nous voilà abandonnés à nous-mêmes, la civilisation s'en va avec le train et le conducteur du train, avec qui nous causions italien et qui nous avait procuré quelques renseignements, moins celui qui nous aurait donné la situation exacte du monastère des Trappistes où nous voulions aller. Nous sortons de la gare et nous nous trouvons dans une cour à peu près déserte; deux ou trois voitures sont là; tout ce qu'il y a de plus primitif en fait de char attelé à tout ce qui se peut rencontrer de plus maigre en fait de haridelle. Cinq ou six paysans assis par terre ou contre les murs de la station fument leur pipe longue sans prononcer une parole. Nous répétons plusieurs fois le mot *Recica, Recica,* après avoir essayé de parler magyar sans aucun succès; il s'agissait bien de magyar et de hongrois en pays croate! Enfin, en voyageurs habitués à tous les hasards de l'existence, nous prenons le parti de monter dans une des voitures, la moins délabrée, et nous faisons signe au rustre qui est sur le siège de partir, en criant *Recica;* à tout hasard, au petit bonheur! Il nous montre les cinq doigts de la main. Cela veut dire sans doute cinq florins; nous lui en montrons deux, puis trois. Il ne bouge plus. Pour nous, nous tirons un livre de notre sac de voyage et nous nous mettons à lire sans émotion apparente, mais un peu embarrassés de savoir comment l'aventure finirait. Il fallait bien s'en aller de là et trouver un gîte! Cela devenait inquiétant.

Cela le devint encore plus quand les cinq paysans se levèrent et se mirent à clamer en chœur. Tout à coup l'un d'eux, un homme à fortes moustaches, aux traits rudes, ne se contentant pas de crier, irrité sans doute de notre silence, fondit sur nous le bâton aux poings avec de véritables vociférations. Impossible de comprendre rien; mais nous étions persuadés que les choses tournaient mal. Nous nous empressâmes de battre en retraite. Le Dieu des voyageurs eut enfin pitié des deux pauvres touristes. Par bonheur il se trouvait là, dans la gare, un jeune homme qui sortit, attiré par tout ce bruit; nous pûmes échanger quelques phrases d'allemand et nous sûmes ainsi que le furieux n'était autre que le propriétaire de la voiture; il voulait absolument cinq florins pour aller à Recica ou plutôt *Retchitsa*, car nous prononcions mal. *Auri sacra fames!* Il ne les eut pas!

Notre Allemand nous trouva enfin un sergent de ville qui mit le furieux à la raison autant qu'il put, et, par l'intermédiaire de ces deux sauveurs, on nous procura et on nous amena une affreuse charrette qui consentit à nous prendre moyennant 3 florins 1/2. Ouf !

Carlstadt est laissé à droite ; la ville est au milieu de la grande plaine et ne semble pas très étendue ; seules deux ou trois casernes et une ou deux églises à clochers élevés, dont l'une est la cathédrale de l'évêque grec schismatique, se dressant au-dessus des constructions basses et paraissent trancher un peu sur le tout. La route s'enfonce dans l'intérieur du côté des montagnes de Bosnie, au sud, et traverse une forêt ; les poteaux indicateurs des chemins portent des inscriptions en langue croate ; de petites huttes à toit pointu s'élèvent çà et là, entourées d'une clôture fragile ; une cour sale, des amas de fumiers, des hangars ouverts à tous les vents, des champs de froment, de maïs, de pommes de terre, coupés de temps à autre par un bouquet de bois, tel est l'aspect de la campagne de Carlstadt.

Quant aux indigènes, le peu que nous en

voyons nous confirme que nous avons devant nous une autre race, un pays complètement différent des nôtres. Les femmes, je l'ai dit, ont un costume qui sent l'Orient; les hommes de même, avec leur large pantalon de grosse toile, leur chemise courte et flottante, et leur mantelet de drap bleu ou blanc. Chemises et paillotes, voilà le mot qui revenait sur nos lèvres et rendait le mieux le costume et le logement. La route n'était pas trop mauvaise, au contraire; mais nous étions souvent obligés de traverser des ruisseaux ou arroyos sur de légers ponts en bois, ce qui faisait faire à la voiture un violent soubresaut et n'ajoutait certainement rien aux charmes du voyage.

Nous trouvons enfin une série de maisons qui annoncent l'approche d'un centre plus habité. Il avait été impossible, bien entendu, d'échanger une seule parole avec notre automédon; allez donc vous donner la peine de composer un dictionnaire magyar à l'usage des touristes! Ceux qui viendront après nous, verront que, bien que voisines, la Hongrie est loin de la Croatie. Mais, nous passons près d'une église assez bien entretenue extérieurement et de plusieurs maisons

à vérandahs, construites moitié en bois, moitié
en maçonnerie; quelques inscriptions au-dessus
des portes indiquent des monuments publics; les
paysans sont moins rares; en voici qui poussent devant eux un troupeau de vaches assez
belles; près de ce puits à immense bascule, une
enfant de quinze ans se balance sur une corde
attachée aux timons d'une voiture; notre véhicule
à nous, longe la haie d'un grand jardin, puis un
autre jardin aux proportions plus vastes et tournant à gauche, nous fait traverser une barrière et
prenant à travers une pelouse, nous amène devant
un château d'assez bonne apparence. Le soleil qui
se couche là-bas, bien loin, sur les monts bosniaques, incendie les hautes fenêtres du castel; au
bruit de la voiture un moine sort.

Le moine aux grandes manches retroussées
est bien le père portier; il va prévenir immédiatement le supérieur qui vient derrière lui, et en
voyant cette bonne et franche figure nous oublions
toutes nos fatigues et toutes nos aventures. Le
R. P. X*** est un homme de petite taille, vif,
énergique, au parler militaire; cela ne nous étonne
nullement quand il nous dit qu'il a été capitaine

aux zouaves pontificaux. Il congédie notre cocher
croate en lui adressant quelques bonnes paroles;
mais quand nous lui racontons la scène qui a
suivi notre arrivée, il paraît d'abord très étonné,
s'emporte presque et avoue que s'il avait été à
notre place, il aurait bâtonné de ses propres mains
le pandour qui avait l'air si féroce. Il paraît que
cet argument *ad hominem* réussit toujours et qu'il
est très convaincant. Ici, comme en Turquie,
pays voisin, l'individu le plus arrogant s'assouplit
tout de suite après une bonne correction.

Bref, on nous donne notre chambre au premier
étage, une vaste chambre à deux lits, au plafond
élevé, aux fenêtres nombreuses, aux portes à deux
battants et dont les murs sont revêtus d'un papier
bleu à grands ramages, vraie chambre de château
seigneurial et féodal, comme celui-ci l'a été et
l'est encore malgré sa destination religieuse et
monacale. Un ou deux bons verres d'excellente
bière de Pilsen nous firent le plus grand bien,
puis on sonna le dîner. La réception était cordiale
et toute française; le dirai-je? le dîner n'était pas
français; un repas en France est toujours bon : le
nôtre était un repas de trappiste, c'est tout dire.

Le Père supérieur nous disait cependant qu'il avait été mis pour quelque temps à un régime plus doux, au régime de l'infirmerie; on nous servit en effet dans sa chambre, au rez-de-chaussée, en face du réfectoire commun : grand Dieu! que mange-t-on donc à la Trappe? Rien, absolument rien de ce qu'on nous donna n'était bien apprêté de près ou de loin, ni fait aucunement pour flatter le palais; nous nous rejetâmes sur la bière de Pilsen et un plat de groseilles rouges; nous dûmes en absorber des quantités énormes, et malgré cela, l'occasion étant propice, nous fîmes réellement pénitence.

La trappe de Recica est une fondation du R. P. Dom Jehan, baron de Durat, abbé de la Trappe de Saint-Lieu-Sept-Fonts, dans le département de l'Allier, en France; il portait un grand nom dans le monde comme on le voit; il devint vicaire général de l'Observance de la Réforme de Rancé et fit pendant son administration les fondations suivantes : la Trappe d'Echourgnac, près Saint-Aulaye en Dordogne (1866); la Trappe de Chambarand, près Roybon, dans l'Isère, en 1869; celle de Saint-Clément-les-Mâcon (Saône-et-Loire), en 1875; celle de Notre-Dame-des-Iles, en Nouvelle-Calédonie, en 1876, et enfin celle de Recica, près Carlstadt, en Croatie, en 1881.

Il fut expulsé avec ses religieux du monastère de Sept-Fonts, par ordre du gouvernement français, le 6 novembre 1881, avec tant d'autres. Il écrivait alors dans une de ses lettres : « Je suis navré, mais je suis debout, prêt à combattre avec l'aide de Dieu ; je ne faillirai pas à mon devoir. Oh ! que l'adversité est une bonne chose à l'âme ; on ne la comprend bien qu'après ! » Ce saint religieux, en vérité, méritait de venir sur la terre croate, une terre de braves et de soldats, pour y unir les destinées de ses enfants et de ses religieux à celle de ces populations qui devaient les comprendre et les apprécier ; le R. Père fut donc amené à faire la nouvelle fondation de Recica en 1881 ; il mourut le 10 décembre de la même année, à 43 ans, et après dix-neuf ans de profession religieuse. Sa vie avait été courte, mais bien remplie et il semble que c'est d'hommes comme lui dont saint Bernard voulait parler quand il disait : « Ce n'est pas un grand mérite d'être humble dans une position infime, mais c'est une grande et rare vertu d'être

humble au milieu des honneurs. — Il était si dé-
voué au service du prochain, qu'il ne vivait que
pour les autres, mourant victime de son devoir. »
— Il a pu lui, en se présentant devant Dieu, lui
dire : « Seigneur, j'ai fait valoir le talent que vous
m'aviez confié, je vous en rends cinq autres. » et
entendre à son tour ces enivrantes paroles : « Je
vous le dis vraiment, vous qui avez tout abandonné
pour me suivre, vous recevrez au centuple et vous
posséderez la vie qui ne finit jamais! »

Quelle rude vie que cette existence de la Trappe!
Le Père supérieur qui n'est point abbé mais seulement prieur et qui porte l'habit blanc et le scapulaire noir avec capuchon et collet blanc, nous
racontait que le lever a lieu à deux heures du
matin, juste au moment où l'on dormirait le plus
volontiers. Qu'on se figure le supplice qui consiste à être réveillé tous les jours à cette heure-
là, quelquefois juste au moment où l'on vient de
s'endormir; le maître des novices qui eut l'autori-
sation de rompre le perpétuel silence, pour nous
parler deux ou trois fois, nous dit d'un air triste
que jamais il n'avait pu s'y habituer. Après le
lever, l'office à l'église; il dure deux heures; puis

la célébration de la messe, puis le travail aux champs. On revient pour le déjeuner et les offices; mais quelquefois, quand il faut aller loin avec tout le matériel de culture, on part pour la journée et pour ne revenir que le soir. Alors on chante l'office dans la campagne. Pour cela, on choisit une clairière dans le bois ou l'allée sombre d'une forêt où les branches des arbres entrelacées, forment comme une voûte naturelle du plus pur style ogival. Les moines sont rangés deux à deux, de chaque côté de l'allée et forment le chœur. Tout se passe selon le rit sacré autant que possible; les anges sont les témoins de ce beau spectacle et les oiseaux se taisent pour faire place à des voix plus autorisées et pour entendre les accents mâles de ces saints serviteurs de Dieu; la grande plaine croate prend des airs de Thébaïde, le désert s'anime et fleurit; c'est un jardin de vertus, c'est l'encens de la prière qui monte directement vers le ciel; et le paysan-soldat des Confins, en passant, s'arrête étonné et ému à la vue de cette scène grandiose et magnifique, qui élève l'âme et la transporte dans des régions où nos misérables passions et nos convoitises humaines sont oubliées

Les Trappistes de Récica ont douze cents hectares de terrain autour de leur couvent et dans différents endroits; ils sont pauvres cependant, parce que les revenus ne répondent pas toujours aux dépenses, ou du moins c'est ce qui est arrivé jusqu'ici depuis leur installation, encore récente. Ils sont trente-cinq religieux parmi lesquels on compte six prêtres seulement, deux diacres et sous-diacres, le reste se compose de frères. Ceux-ci ont l'habit brun, ils portent la barbe à volonté; généralement ils profitent de cette liberté pour la porter et ils se donnent ainsi une figure militaire qui leur convient admirablement bien dans le pays où ils sont fixés et où tout le monde porte la barbe ou au moins la moustache; eux-mêmes n'ont-ils point souvent été soldats? on sait que nombre de soldats, beaucoup d'officiers même, ont embrassé et embrassent encore l'état religieux et se font Trappistes de préférence; cette vie rude et dure est dans leurs aptitudes et ne les effraye pas. A la Trappe de Staouëli en Algérie, on pourrait composer une compagnie avec les militaires qui sont venus se réfugier là, contre les périls du monde pervers et méchant : bataillon sacré que celui-là, n'est-il pas vrai? phalange appelée à grossir les phalanges célestes !

Avec les domestiques qui aident les moines et le personnel attaché au train de culture et aux écuries, ils sont à Récica une cinquantaine; pour nourrir tout ce monde, les chevaux de labour et les animaux de basse-cour, on conçoit que la dépense arrive à un chiffre assez gros. Et puis il y a les malades et les frais occasionnés par les dégâts imprévus, comme les tremblements de terre, qui se font sentir à des intervalles assez rapprochés, dans cette partie du pays.

C'est pendant une promenade que nous fîmes après dîner que le Père prieur nous mettait ainsi au courant; nous allâmes assez loin derrière le couvent et à travers champs jusqu'à la rivière appelée Kulpa, qui marquait autrefois la limite des Confins militaires; elle est profondément encaissée et roule des eaux bourbeuses entre deux hautes berges à pic; sa largeur nous parut être trois ou quatre fois celle de la Seine dans Paris; son cours est rapide. La nuit était venue; nous nous aperçûmes que les buissons étaient couverts autour de nous d'une foule de lucioles; ce qui donnait à la campagne un aspect singulier ; il semblait que des milliers d'étincelles jaillissaient de tous côtés et jusque sous nos pieds ; il paraît que les reptiles abondent aussi dans ces parages : on y trouve une grande quantité de couleuvres. Beaucoup d'arbres : des chênes superbes ; mais ils se . vendent pour rien : un florin (deux francs cinquante) ; on ferait avec ces arbres des affaires d'or en France ; dans ces contrées reculées, le commerce du bois est rendu impossible ou très difficile à cause de la difficulté des transports ; le voyage, de plus, serait trop coûteux. Les voies .fluviales manquent dans la direction de la mer Adriatique ; le port de Fiume n'est pas assez près et la France est trop loin.

Le Père X*** nous raconte quantité de choses plus intéressantes les unes que les autres : le château qu'il habite et qui a été transformé en couvent a été acheté à un général qui était le seigneur du pays ; les moines ont donc hérité de son titre, de ses droits, prérogatives et privilèges. Parmi ces droits seigneuriaux existe celui de la nomination du curé de Récica ; on ne peut pas non plus vendre du vin dans toute l'étendue de leurs terres sans leur payer un impôt; enfin ils rendent la justice pour les délits de peu d'importance : c'est une sorte de justice de paix et d'arbitrage. « Il m'est arrivé plusieurs fois, nous dit notre aimable hôte, d'imiter le roi saint Louis; et voici un banc, sous ce chêne voisin de nous, où je me suis assis l'autre jour pour entendre deux paysans qui s'accusaient réciproquement d'empiètement de terrain; moins heureux que dans d'autres occasions précédentes, ils n'ont pu s'entendre et je n'ai pas réussi à les accorder; il m'a fallu les renvoyer au juge de Carlstadt, qui les a condamnés tous deux. »

Au sommet de l'administration judiciaire en Croatie et en Slavonie fonctionne la cour suprême que l'on appelle *table septemvirale;* le tribunal ou cour d'appel se nomme *table banale;* elles siègent toutes les deux à Agram. Il y a au-dessous huit tables comitales et six tribunaux de district de la Frontière militaire qui jugent en première instance.

La pluie qui tombe nous a fait rentrer; après la pluie, le vent; un vent terrible, furieux qui fait rage : *hou-hou-ou-ou ! hou-hou-ou-ou !* il secoue les vieilles girouettes de la toiture, s'insinue à travers

les fentes des fenêtres, fait claquer les portes mal
fermées et nous apporte le frisson même dans nos
lits; le gémissement profond de la tempête souf-
flant sur la grande plaine à déraciner les arbres,
produit un effet lugubre, entendu ainsi au milieu
de la nuit, dans cette grande chambre de château
si loin, si loin du pays natal. N'est-ce point ici la
patrie des Bohémiens, des Tsiganes, des Turcs et
autres brigands, n'est-ce point un temps à com-
mettre toutes sortes de crimes et d'atrocités?
Brrrrrr! On essaie de s'endormir, on rêve vols et
assassinats et quand on est réveillé, on entend
un bruit étrange tout à côté, un autre gémissement, une autre plainte qui murmure aussi et va
grandissant ou s'affaiblissant par intervalles. Je
frotte une allumette et regarde ma montre; il est
deux heures du matin; je prête une oreille atten-
tive; c'est l'office des matines, c'est la prière qui
gémit et se plaint, qui loue et bénit :

*Venite, exultemus Domino; jubilemus Deo salutari
nostro; præoccupemus faciem ejus in confessione et in
psalmis jubilemus ei.*

*Quoniam Deus magnus Dominus... quoniam non
repellet Dominus plebem suam..... ploremus coram*

Domino qui fecit nos... nos autem populus ejus et oves pascuœ ejus...

Et après, toujours dans le silence de la nuit noire ou accompagné par les dernières rafales du vent qui descend des montagnes voisines de Bosnie en passant sur les eaux de la Kulpa et des marais profonds, et en faisant craquer les branches des arbres qui entourent la propriété :

Benedicite aquœ omnes quœ super cœlos sunt Domino... bênedicite omnis imber et ros Domino; benedicite spiritus Dei, noctes et dies Domino... Spiritus procellarum, quœ faciunt verbum ejus; montes et omnes colles, ligna fructifera et omnes cedri laudent nomen Domini quia exaltatum est nomen ejus solius !

Quand il fait jour, promenade dans le parc seigneurial qui entoure le couvent et sur les chemins qui y amènent du dehors. Des Tsiganes ont bâti non loin de là les tristes huttes de branchages et de feuillages qui doivent les abriter pendant quelques jours, jusqu'à ce que leurs habitudes nomades les poussent plus loin. Il règne à l'extérieur et à l'intérieur, autant qu'on peut en juger, une atroce saleté; des hardes informes, des haillons sordides pendent à des perches servant à

soutenir la fragile toiture; des objets indescrip-
tibles traînent çà et là; celui-ci m'a tout l'air d'un
chat crevé; n'importe! le chat sera mis dans cette
marmite qui a roulé là dans le ruisseau et qui n'a
jamais été récurée pendant sa malheureuse vie de
marmite. Des marmots nus ou à moitié nus se
roulent dans la poussière; une femme a allumé
trois bûches de bois sous une casserole noire de
crasse et ressemble à une sorcière de Macbeth
en train d'évoquer le diable; deux hommes en
longs cheveux et au teint très basané, écrasant
entre leurs dents un affreux brûle-gueule, sont
assis sur le haut du talus qui borde la route : l'un
tond un chien, l'autre essaie de rétamer une poêle
à frire hors d'usage.

Il nous manquait de faire la connaissance du
chef de ces honnêtes Tsiganes ou Zingari; une
demi-heure après nous en avions l'occasion: sous
l'espèce d'auvent qui s'avance au-dessus de la
grande porte d'entrée du couvent, nous nous ren-
contrâmes en revenant avec une femme au type
très reconnaissable. « C'est la reine du campement
que vous avez vu, » nous dit l'excellent prieur
qui arrivait à notre rencontre. Elle avait en effet

conscience de sa dignité : Jeune, belle, grande, élancée, le corsage débraillé, les jambes nues, des yeux larges et noirs, un mouchoir de couleur jaune et rouge sur la tête ; elle tenait un gamin de cinq ans par la main et de l'autre demandait l'aumône sans vergogne, malgré la dignité royale. Le moine lui donna une petite piécette et comme mon compagnon jetait par terre un bout de cigare, l'enfant se baissa pour le ramasser ; au même moment la Tsigane bondit, arracha le havane des mains du pauvre mioche et, le mettant dans sa bouche, elle partit en tirant des bouffées de fumée bleue et en martyrisant de taloches sa chère progéniture.

La proposition de nous conduire en voiture jusqu'à la Kulpa pour nous la faire traverser est acceptée avec joie. Pendant le trajet nous interrogeons de nouveau notre cher compatriote, sans nous lasser et sans le lasser ; il nous raconte qu'il a reçu partout à Agram le meilleur accueil, lors de son arrivée dans ce pays. Le cardinal-archevêque Mihalowitz s'est montré très bon pour lui ; il a aussi été émerveillé de sa visite au ban de Croatie et à la femme du ban.

L'administration autonome de la partie civile des deux royaumes illyriens a pour chef supérieur le ban de Croatie et de Slavonie qui y représente le pouvoir royal avec responsabilité envers la diète. Sous ses ordres fonctionnent trois chefs de section pour l'intérieur, la justice et les cultes auxquels on a rattaché l'instruction publique. La frontière militaire est sous l'autorité d'un commandant général.

C'est sous le ministère de M. de Beust que l'Empire d'Autriche a pris le nom d'empire austro-hongrois. Ce *dualisme* n'était pas facile à organiser. C'est la Leitha qui a servi de limite pour les deux royaumes ; tout ce qui était au delà par rapport à Vienne fut le royaume de Hongrie, la Transleithanie ; pourtant on a laissé jusqu'aujourd'hui le nom de royaume à la Croatie et à la Slavonie ; la Dalmatie, à cause de sa législation à part, n'a pas été jointe à ces deux royaumes et elle est considérée comme se trouvant en deçà de la Leitha ; elle appartient à l'empire d'Autriche ou *Cisleithanie*. Elle a sa diète à part à Zara et envoie neuf députés au *Reichsrath* de Vienne.

La diète d'Agram organisa en 1866 un comité

qui dut aller s'entendre avec les Hongrois pour régler définitivement les rapports de la Croatie avec la couronne de saint Étienne. C'est pendant les délibérations de ce comité que les députés croates qui avaient à leur tête Mgr Strossmayer, évêque de Bosnie et Sirmium, résidant à Diakovar, consentirent de guerre lasse à céder le port de Fiume à la Hongrie; celle-ci y tenait absolument, quoique au point de vue géographique, l'annexion de ce port puisse paraître bien singulière et quoique Marie-Thérèse ait, beaucoup plus naturellement, détaché Fiume de ses possessions pour le donner à la Croatie en 1776. Le comité croate ne l'a pourtant cédé que provisoirement et a réservé ses droits; la ville a un gouverneur magyar, nous l'avons vu; elle se gouverne par ses vieilles lois municipales et envoie deux députés à la diète d'Agram.

Toutes ces conventions ont été faites de 1866 à 1868. En cette dernière année, il fut réglé que la Croatie s'administrerait elle-même pour les trois départements mentionnés plus haut; quant aux finances, au commerce, à l'industrie et à la guerre, elle dépend des ministères hongrois résidant à

Pesth. Trente-quatre députés de la diète d'Agram sont envoyés au parlement de la même ville pour délibérer des affaires communes. Cette diète d'Agram se compose de l'archevêque latin d'Agram, du métropolitain grec non uni de Carlstadt, de tous les évêques des deux rits latin et grec, du prieur du monastère d'Arauna, de tous les grands seigneurs croates, *joupans* ou princes et barons qui avaient autrefois droit de justice sur leurs terres. Outre ces membres de droit; soixante-dix-sept députés des *joupanies* et arrondissements militaires, et vingt-six représentants des villes sont élus par le peuple. Des conseils généraux, comme chez nous, s'occupent des intérêts particuliers des départements ou *joupanies*.

En arrivant sur les bords de la Kulpa, notre cocher héla le passeur qui se trouvait sur l'autre rive et qui accosta après y avoir mis le temps. Ce n'était pas tout à fait de sa faute, je l'avoue; le courant était tellement fort que la barque dérivait fortement; quand il fut près de nous et que nous vîmes cette barque, je sentis mes cheveux se dresser sur ma tête ; nous aurions été en Amérique, — dans l'Amérique de Chateaubriand,

bien entendu, — ou au Congo, dans les régions de
l'Afrique centrale à peine explorées par notre
vaillant de Brazza, que je l'eusse compris ! mais
ici, en pleine Europe, pour passer la Kulpa, il
fallait s'embarquer dans un joujou d'enfant,
une pirogue plus que légère, un tronc d'arbre
creusé qui ressemblait à un canot d'écorce. Le
moyen de reculer devant un brave comme le
Père prieur, un soldat ! je passai, je voulus passer
seul avec le nautonier; à trois, je crois que
nous aurions chaviré et coulé sans remède.

Nous étions tous réunis de l'autre côté et le
Père X*** frappant la terre de son bâton put dire :
« Voici le territoire de l'ancienne Turquie. » Les
Confins militaires *(militär Grenze)* étaient sur la
rive que nous venions de quitter; on peut dire
qu'ils y sont encore; le régime militaire, offi-
ciellement aboli, subsiste néanmoins en partie.
Les *Grenzer* ou Confinaires sont encore des soldats-
laboureurs qui jouissent des terres que l'État leur
a données, mais lui doivent en retour le service
militaire; ils sont bien organisés civilement, mais
sur l'ancien pied; c'est au fond la même chose;
ce sont les gardiens de l'Autriche-Hongrie, du

côté de la frontière turque; ce sont les gardiens de l'Europe et de la Catholicité; ils l'ont toujours été. Le temps n'est plus, c'est vrai, où les Confinaires s'en allaient le matin, les uns la bêche sur l'épaule, les autres le fusil au dos, vers la frontière; ces derniers se rendaient avec un sac de vivres au corps de garde, à la *czadak*, haute cabane en planches, espèce d'observatoire ou de guérite sur pilotis, auquel on accédait par une longue échelle; et quand l'ennemi s'approchait pendant la nuit, l'homme de garde, la sentinelle allumait un petit paquet de résine au bout d'une perche; de poste en poste le signal était répété, et tous les régiments des frontières couraient aux armes. Il y avait là sur les bords de la Save, de l'Unna et de la Kulpa douze mille sentinelles qui protégeaient le reste du monde contre l'impiété, la barbarie, la peste et le choléra; jamais on ne verra plus de cordon sanitaire comme celui-là!

Les Confins militaires ont donc été créés par la force des choses; les habitants de la frontière avaient le devoir naturel de se sacrifier, pour repousser les incursions des Turcs, qui étaient continuelles. Leur organisation réelle date de l'année 1690, alors que la Hongrie fut à peu près délivrée de la domination ottomane. A partir de ce moment jusqu'en 1870, où l'on a voulu substituer à l'ancien ordre de choses l'organisation civile, on a inventé jusqu'à quatre-vingt-dix-sept systèmes pour le plus grand bonheur des pauvres Confinaires. Sous Marie-Thérèse, vers l'année 1746, ils semblaient être définitivement organisés en régiments distincts, et les habitants de la frontière étaient devenus propriétaires du sol; nous les voyons, en 1807, presque réduits à l'état de serfs; ils ne sont plus propriétaires, ils n'ont que l'usufruit des terres qu'ils cultivent; s'ils veulent changer de régiments ou de compagnies, mille obstacles surgissent; le commerce et l'industrie leur sont à peu près interdits; ils n'ont aucun moyen de s'enrichir par leur travail.

En 1870, quand le service militaire devint obligatoire en Autriche-Hongrie, on procéda au désarmement général par ordre impérial, mais le général Molinari, l'ancien commandant en chef, fut maintenu comme gouverneur civil; les Confinaires redevinrent propriétaires du sol; deux régiments disparurent; en 1881 seulement les autres furent libérés du service militaire. Toutes ces réformes n'empêchent point, du reste, que les Confins ne soient encore un pays à part, divisé non en joupanies ou cercles comme le reste de la Croatie, mais en arrondissements. Une partie des *Grenzer*, soit 449,000 habitants, font partie du royaume de Croatie; l'autre, soit 246,800, appartient à la Slavonie.

Les Turcs se sont mis à respecter les frontières des États voisins, comme toute autre nation civilisée; les frontières militaires n'ont donc plus été qu'une ligne de douanes et des postes de police, l'annexion de la Bosnie et de l'Herzégovine, et la formation du royaume de Serbie ont encore simplifié les choses; si l'on veut vraiment chercher à cette heure une frontière militaire, il faut aller jusqu'à Mostar, Trebinje, Sérajevo (Bosna-Seraï), pour la trouver.

Toutefois, regardez-moi les paysans qui se pressent autour de nous sur la rive et nous saluent respectueusement; ils ont le type militaire, c'est incontestable; la figure martiale, la moustache réglementaire; ils en ont aussi le costume : une vieille casaque de soldat, portée pendant vingt ans de père en fils; portée souvent par les femmes. La Croate est douce, timide; cela ne l'empêche pas d'avoir dans l'occasion des instincts patriotiques et belliqueux; plus d'une pendant les anciennes guerres a non seulement endossé la casaque, mais fait le coup de feu dans le rang à côté de son fils ou de son mari; la surveillance n'était pas sévère alors et les officiers n'y regardaient pas de si près. Quant à ces hommes naïfs et débonnaires, mais nerveux, souples, agiles; regardez-les, eux aussi; ils sont à deux pas des Turcs, presque habillés comme eux, moins le turban qui est le signe de l'Islamisme; ils ont le turban en horreur, parce qu'ils sont bons chrétiens; ils lui ont substitué un petit chapeau rond et disgracieux à bords étroits qui va mal avec le costume. Quand ces hommes-là étaient au régiment, avec l'uniforme et le shako, et qu'ils combattaient contre les Français; quand ils sont venus à Paris, sur nos boulevards, en 1815; savez-vous comment nos grands parents les appelaient? *Pandours, Kaiserlicks* ou *hussards de la mort.*

Maintenant ils se livrent aux paisibles travaux des champs; c'est que la Croatie est un pays d'agriculture et d'agriculteurs; sans cela, pourquoi les Trappistes seraient-ils venus s'y fixer? A côté d'un tiers de forêts et d'un huitième d'espaces improductifs, — d'un cinquième dans les Confins militaires, — le pays est riche en terres arables et en prairies; on y trouve même des vignes. La meilleure terre à blé et le jardin de la Croatie et de la Slavonie, la Syrmie, se trouve dans la Mésopotamie slavonne. La Croatie est une terre arrosée par de nombreux cours d'eau dont les principaux sont la Drave, la Save, la Kulpa et l'Unna, qui servent, comme on l'a vu, à des divisions politiques bien tranchées.

La Drave vient du Tyrol et traverse le Pustherthal, la Carinthie et la basse Styrie; elle devient rivière de plaine à Friedau et forme la limite septentrionale de la Croatie, de la Slavonie et de la Syrmie, jusqu'à son confluent avec le Danube près d'Esseg. Elle coule lentement, dans un lit sinueux, au milieu de rives plates et sablonneuses. Sa largeur à l'embouchure est de 330 mètres.

La Save vient de la Carniole, elle forme la limite entre cette province et la Styrie, traverse la Croatie et, à Jasenovac, commence à former la limite méridionale de la Croatie et de Slavonie, jusqu'à son confluent avec le Danube entre Belgrade et Semlin. Ses affluents lui viennent de la rive droite; les deux principaux sont la Kulpa, qui vient aussi de la Carniole, passe à Carlstadt, Recica et joint la Save à Sissek; puis l'Unna, qui, venant des confins de la Dalmatie, monte vers le Nord et forme ainsi la séparation entre la Croatie et la Bosnie jusqu'à Jasenovac, où elle rejoint la Save. Celle-ci, à cet endroit, a 200 mètres de large; à l'embouchure, 650 mètres; les deux rives ne sont guère que de vastes marais. Nous venons de décrire ainsi la Mésopotamie slavonne.

Retour au couvent en traversant naturellement de nouveau la Kulpa, dans cet esquif par trop léger, qui m'avait déjà donné la chair de poule. Après avoir quitté la voiture, nous mettons à exécution un cher projet; il s'agit de visiter le village de Recica. A tout seigneur, tout honneur; nous commençons par le curé, qui est absent; nous reviendrons; pendant qu'on le cherche aux environs, nous allons chez le second seigneur de l'endroit, le maître d'école. Un fort gracieux personnage que ce maître d'école : il est du reste

habillé comme tout le monde, c'est-à-dire qu'il
ne porte pas le costume croate; sa femme est aussi
une vraie bourgeoise civilisée; ici on parle allemand à cause de nous, mais on nous montre la
salle de classe et, sur le tableau noir préparé pour
le lendemain, nous voyons qu'on fera épeler et
lire en croate. Il paraît que le maître a beaucoup
d'élèves, qu'il les instruit par les nouvelles mé-
thodes et qu'il en est content. Dans l'ensemble
du pays hongrois, il n'y avait, en 1870, que
8 millions sur plus de 15 millions qui savaient
lire et écrire; le nombre des élèves se serait
accru d'un tiers depuis cette époque; on compte
maintenant en Transleithanie 16,000 écoles et
22,000 maîtres et maîtresses; 72 écoles normales,
dont 40 sont entretenues par les églises de diffé-
rentes communions, auxquelles appartiennent souvent les écoles et qui ont une large part dans
l'enseignement, à quelque degré qu'on le veuille
envisager. En 1873, le tiers des conscrits venant
des pays hongrois pouvaient lire et écrire; depuis,
il est évident que l'instruction a été beaucoup
plus répandue dans le populaire.

Ne me demandez pas si les instituteurs croates

sont patriotes; pendant que nous dégustons un verre d'excellente eau-de-vie de prunes appelée *slivovitz,* mes regards errant çà et là s'arrêtent sur la cheminée; on y a placé deux bustes en terre cuite, bien en évidence; je demande qui sont ces grands hommes; on me répond en se découvrant : « Ce sont deux grands hommes véritables, la gloire et l'honneur de la patrie : Jellachich et Stross-mayer! » Un général et un évêque; toute l'âme de la Croatie est là.

Le curé arrive sur ces entrefaites; un bel homme, grand, bien taillé, le type et l'accent polonais. Que si l'on désire une idée de son costume, nos mœurs françaises seront déroutées complètement par ce que je vais dire. L'abbé a un chapeau rond, une grande redingote ou pardessus gris, des pantalons invraisemblables, des pantalons noirs collants et historiés de galons noirs et de soutaches autour des poches; avec cela des bottes très hautes, très vernies; j'ai dit. Ce n'est pas tout cependant, il y a certainement un signe auquel on reconnaîtra partout un ecclésiastique : le collet. Notre curé qui est très complaisant, très intelligent et qui parle le latin comme Cicéron nous explique que les chanoines portent un collet mi-partie rouge, mi-partie blanc; les curés comme lui, portent blanc et bleu; les vicaires ou *coopérateurs* blanc et noir.

Nous allons au presbytère, une grande maison à vérandah, avec un beau jardin très vaste et parfaitement cultivé. Sur la balustrade de la vérandah sont étendues d'immenses pelisses, il y en a deux presque neuves et dont chacune vaut bien 500 francs; il fait certainement froid pendant la mauvaise saison, mais il est consolant de savoir qu'on a de quoi se couvrir. L'église est simple mais propre, garnie de bancs pour les fidèles; dans le chœur à gauche, nous remarquons une tribune; c'est la place du seigneur, c'est-à-dire du Père prieur; il est le maître; c'est lui qui nomme le curé, qui doit subvenir à son entretien si le village ne pouvait le faire, car le clergé n'est point payé par l'État et doit tout aux donations. Pendant que nous sommes là, le brave curé ne manque pas de solliciter le seigneur pour faire deux ou trois réparations aux alentours.

On compte en Croatie 1,360,000 catholiques romains; 10,000 grecs unis; 440,000 grecs non unis; 38,000 protestants de toutes confessions et 12,000 juifs. L'archevêque catholique réside à Agram; l'archevêque grec non uni réside à Carlstadt, il est le métropolitain de la nation serbe et les six évêques de Serbie relèvent de lui; cette particularité ne paraît pas trop étrange dans un pays où les races et les religions sont mêlées; c'est encore un point de ressemblance avec l'Orient.

Le prieur et le curé comblent enfin nos désirs en nous conduisant dans une maison croate; on choisit, un peu au hasard, une de celles qui ne seront pas trop vides d'habitants; ceux-ci se trouvant aux champs dans l'après-midi. Par bonheur, en voici une qui réunit toutes les conditions désirables. La maison située au fond d'une cour assez sale est construite en bois; elle n'a point de fondations et repose uniquement sur des madriers, fixés eux-mêmes sur huit grosses pierres. Un rez-de-chaussée et un seul étage auquel on arrive par un escalier extérieur. Au rez-de-chaussée, deux pièces : dans l'une, on a entassé les instruments de labour; dans l'autre sont les coffres en bois qui contiennent les vêtements et la richesse de toute la famille. Montons : nous sommes sur un balcon

qui règne dans toute la longueur de la maison ;
deux pièces s'ouvrent sur le balcon ; l'une est petite, noire et une odeur nauséabonde vous saisit
à la gorge en entrant : c'est la cuisine ; elle n'a
point de cheminée et la fumée du foyer s'échappe
comme elle peut. Nous trouvons là un bon vieillard accroupi près des cendres et qui tient dans
ses mains calleuses un charbon pour allumer sa
pipe et une femme qui fait cuire le dîner de tout
le monde dans une marmite colossale.

Pourquoi une marmite à dimensions inusitées ?
Nous en avons immédiatement l'explication en
pénétrant dans l'autre pièce, qui est si vaste qu'elle
forme à elle seule le premier étage presque tout entier. Semblables en cela aux Chinois et aux Arabes
et à d'autres peuples encore, les paysans croates
vivent groupés autour d'un seul chef de famille
et d'un seul foyer. J'avais vu en Chine, je l'ai raconté ailleurs, des familles composées de soixante
ou quatre-vingts personnes, et j'avais pensé, en
voyant ce spectacle, à Abraham, Isaac et Jacob et
aux scènes de la Bible ; tels sont aussi les habitants de la partie méridionale de l'Autriche-Hongrie : « Plusieurs mains, disent-ils, produisent plus

qu'une seule et il n'y a que les forces unies qui
puissent fonder de solides maisons. — La famille
isolée a beaucoup plus de peines que de joies; celui
qui est seul est semblable au chêne coupé. »

Le bon vieux qui nous conduisait était le chef de
cette grande famille; on appelle celle-ci *zadrouga* et
celui-là *gospodar*, qui veut dire maître. On exploite
la propriété commune et indivise; l'argent est versé
dans la caisse commune qui sert aux besoins de
chacun; on habite en commun; on loge et on couche
dans la même chambre. C'est celle où nous nous
trouvons; il y a là jusqu'à dix ou douze lits, des
lits très larges à plans inclinés: une bonne pail-
lasse, des draps de chanvre rude, des couvertures
épaisses, des traversins et des oreillers brodés en
fil rouge, comme la literie de nos villages lorrains.
On peut coucher là dedans jusqu'à cinq ou six.
Une grande table au milieu de la salle sépare les
deux rangées de lits et sert aux repas; des régiments de paniers d'osier sont suspendus aux poutres du plafond; un poêle énorme en faïence
verte, à dessins grossiers s'élève dans un coin et
doit ronfler formidablement et répandre ici une
chaleur d'enfer pendant les longues nuits d'hiver.

Une pauvre femme infirme gît à côté sur son lit de douleurs; elle est là depuis des années; nous nous empressons d'aller la saluer et de lui exprimer au moins par gestes notre sympathie et notre compassion; elle comprend, surtout avec l'aide de nos deux introducteurs, et sa pauvre figure douce et bonne, comme toutes celles de ces femmes croates qui l'entourent, semble réjouie et consolée.

Avant de partir on nous montre le costume du dimanche; les vestes fourrées ramagées de découpures en cuir et relevées de broderies fleuries; quand elles sont sans manches, elles appartiennent aux jeunes filles qui ont ce privilège comme aussi celui de laisser flotter librement sur le dos les longues tresses de leur chevelure; on nous montre aussi les chemises d'hommes aux manches bouffantes et bien plissées; les gilets de drap bleu, soutachés de jaune ou de rouge et enrichis par devant de rangées de boutons d'argent; puis les *torbas* ou sacs de laine rouge qu'on porte en bandoulière et qui servent de poches; puis les bottes élégantes; puis la chaussure nationale des Yougo-Slaves, l'*opanke* formée d'une peau de mouton et de lanières. Dans les ménages, les femmes filent, tissent et teignent elles-mêmes presque tout ce qui sert à l'usage commun.

Avant de partir il nous faut boire un nouveau verre de *slivovitz*; et cela se fait, selon l'invariable usage, après un triple toast suivi d'un triple *vivat* en l'honneur de l'empereur et roi François-Joseph, du prieur et du curé réunis et des illustres étrangers qui ont honoré de leur visite cette pauvre cabane de paysans perdue au fond de la Croatie.

VI

AGRAM — BUDA-PESTH

Situation de la capitale de la Croatie. — La ville : ses monuments. — Historique du mouvement slave en Croatie.
— Le ban Jellachich et l'évêque Strosmayer. — Fondation et inauguration de l'Université d'Agram. — La Fête-
Dieu à Agram. — La place du marché. — Le chemin de
fer du Süd-Bahn autrichien. — Entrée en Hongrie. — La
puszta et le lac Balaton. — Ce que sont les Hongrois. —
Buda-Pesth, splendide décor d'opéra. — Bude antique et
Bude orientale. — Les musiciens tsiganes à l'hôtel *Hungaria*. — Pesth : la ville. — Les Juifs. — Organisation et
régime provincial de la Transleithanie.

Le voyageur qui chercherait une ville à l'aspect
oriental dans la capitale de la Croatie, éprouverait une déception ; les Yougo-Slaves ont beau faire ;
ils ont une ville qui, à l'arrivée, ressemble à toutes

les villes. Une grande avenue pas très jolie et dé-
pourvue d'arbres conduit à la partie basse de cette
capitale. Une large rue, perpendiculaire à l'avenue, bordée de maisons comme toutes les maisons,
amène sur la place principale; celle-ci est grande,
spacieuse; au milieu s'élève la statue du ban Jellachich, le héros croate.

Une rue qui monte conduit à la ville haute où
l'on trouve les principaux monuments d'Agram :
la cathédrale; l'église Saint-Marc; le musée; le
palais de la Diète; l'Université. Le beau parc de
Maximir, le gracieux vallon de Xaveri et le magnifique bois de chênes de Duprava prêtent aussi du
charme à ses environs.

Agram ou *Zagreb* en hongrois et *Zagor* en
croate, est adossée aux montagnes qui délimitent
la grande vallée de la Save au nord. De ce côté-
là, depuis la promenade circulaire, on a un beau
panorama sur les environs. A l'ouest, les montagnes de Fiume; à l'est, le district de Turopolie,
dont les habitants ont fait grand bruit à certaine
époque, à la diète d'Agram; au sud, les montagnes
de Bosnie.

La cathédrale gothique a été presque entière-

ment détruite par un tremblement de terre en 1880 ;
nous voyons que les dégâts ont été immenses : la
voûte est tombée, les murs sont lézardés ; des
lampes, des bancs, des chapiteaux, des moitiés de
colonnes, des statues de saints mutilées gisent pi-
teusement à terre ; on répare l'église, de nombreux
ouvriers y travaillent ; c'était le principal édifice
ancien ; avec le palais archiépiscopal et les vastes
bâtiments de chapitre, il formait toute une cité
ecclésiastique entourée de murs crénelés et de tours
qui la séparaient de la ville basse. Cette vieille
forteresse a une apparence très pittoresque et
tranche sur la physionomie simple de la ville.

L'église Saint-Marc n'est guère remarquable que
par son toit bariolé de tuiles de couleur ; le palais
de la Diète, tout à côté, est, comme dit Victor Tissot,
une grande maison badigeonnée de vert ayant
l'apparence peu élégante d'une caserne. Le musée
national d'antiquités et le muséum d'histoire naturelle sont curieux à visiter, surtout le dernier ;
celui-ci est très soigné et la collection d'animaux
est spéciale au pays, c'est-à-dire à la Croatie, aux
Confins militaires, à l'Esclavonie et à la Dalmatie,
quoique cette dernière contrée ne reconnaisse point

Agram comme capitale. Il y a une belle collection de numismatique.

Quant à l'Université, c'est le plus beau monument d'Agram et elle est trop célèbre dans l'histoire des Yougo-Slaves ou Slaves du Sud, pour que nous ne racontions pas ici sa récente organisation.

Il faut remonter aux événements qui se sont accomplis en 1848, pour bien connaître la question. Les Croates n'avaient pas beaucoup fait de bruit jusqu'en 1848. Le ban Jellachich leur fit à cette époque prendre les armes pour la défense de l'empereur d'Autriche et contre la Hongrie révoltée ; ils tinrent les Hongrois en échec, jusqu'au moment où ceux-ci furent définitivement vaincus et domptés avec l'aide de la Russie. Qu'arriva-t-il à la suite de cette malheureuse guerre civile? Les Hongrois qui avaient pris les armes en 1848, obtinrent la plénitude de leurs droits historiques; les Croates durent attendre plus longtemps. Ils attendirent jusqu'en 1874. Bien avant cette époque, dès l'année 1831 et 1832, la question slave s'était éveillée; les idées de liberté et d'indépendance nationale avaient commencé à germer parmi la jeunesse croate. Plusieurs étudiants qui s'étaient rencontrés à l'Université de Pesth avec le Slovaque Jean Kollar, en étaient revenus avec des idées nouvelles et un patriotisme fort exalté par la lecture des poésies de leur congénère. Un jeune professeur nommé Smodek tenta alors d'enseigner la langue croate à l'académie d'Agram, où l'on ne parlait que le magyar et il y réussit; on se mit à lire beaucoup; le livre qui réveilla tout à fait les Croates fut celui de Derkos qui a pour titre : *Genius patriæ super dormientibus filiis;* un autre les enflammait davantage encore; il était l'œuvre d'un noble vieillard, Drochkovitch, et il donnait des conseils aux délégués près de la Diète hongroise, pour que ceux-ci pussent mieux défendre leur patrie opprimée sous le joug magyar. Louis Gay poussa enfin l'enthousiasme au dernier degré, en fondant un journal croate, *Novine* les *Nouvelles;* et une revue, *Danitza,* l'*Aurore.*

L'empereur François consulté par Gay, lui répondit qu'il pouvait imprimer des journaux en sa langue tout aussi bien que les Magyars le faisaient en leur langue propre. Il mourut le 2 mai 1835; et quand, à la diète qui suivit sa mort, les Magyars voulurent contester aux Croates le droit de se servir de leur langue slave, l'empereur Ferdinand soutint encore ceux-ci. C'est une singulière histoire que celle de cette époque : on assiste à une lutte continuelle entre la Hongrie et la Croatie; il semble que ce pauvre peuple soit destiné à toujours batailler et combattre pour sauvegarder ses droits; ce n'est plus comme au moyen âge une lutte sanglante, c'est une lutte d'idées, un combat de l'esprit. Pourtant un jour encore il fut nécessaire de descendre dans l'arène, les armes à la main. C'était sous l'administration du ban François Haller; le parti national était tellement monté contre le parti magyar, alors représenté surtout par les Turopoliens, qu'en pleine diète on en vint aux mains. Une première fois ce fut au marché Saint-Marc : un homme fut tué, vingt autres mis hors de combat. Ceci se passait en 1843. En 1845, nouvelle affaire sanglante qui occasionne la mort de 13 hommes et en fait blesser 27.

Vers le même temps, dans une autre diète, les Croates deviennent encore plus hardis; ils ont versé leur sang pour la bonne cause et ils vont jusqu'à demander au roi de vouloir bien changer l'Académie d'Agram en Université et de fonder plusieurs chaires, où l'enseignement sera dorénavant donné en langue croate; de plus, de permettre l'ouverture d'un théâtre national et d'établir à Agram un siège archiépiscopal. Comme on le voit, le flot des prétentions croates monte: il couvrira bientôt le rivage de la liberté et ne se retirera plus.

Le ban Haller avait dû donner sa démission; il fut remplacé par l'évêque d'Agram, Georges Haulick; ce n'était pas la première fois qu'un évêque administrait le pays; cela s'était déjà vu souvent pendant les périodes de troubles. On ne saurait trop admirer le rôle du clergé dans toute l'histoire de la Croatie: c'est un rôle de sauveur. Au moyen âge déjà, quand tout semblait perdu, au milieu des guerres et des incursions incessantes des Turcs sur la frontière; quand il n'y avait plus de clergé séculier, le clergé régulier apparaissait pour faire le bien, et, comme en Terre-Sainte, les Franciscains restèrent toujours fermes et solides à leur poste très périlleux, très exposé, apportant les secours de la religion aux uns et aux autres, accomplissant leur divine mission avec un courage héroïque. Quand les Turcs ne sont plus là et qu'une autre cause de troubles et de discussions a surgi, les évêques d'Agram prennent en main la direction des affaires et s'efforcent de pacifier les esprits. Admirable influence de la religion catholique qui a fait dire chez nous que les évêques avaient formé la France, comme les abeilles font leurs ruches. Ne pourrait-on pas en dire autant des contrées qui nous occupent?

Nous sommes arrivés à l'année 1848, année terrible pour l'Autriche-Hongrie. Depuis quelque temps un homme faisait entendre sa voix puissante de tribun à la diète de Pesth; c'était l'avocat Kossuth : il était naturellement l'ennemi des Croates et de leurs revendications; il devait devenir l'ennemi de l'Autriche et lui susciter bien des embarras. Quand éclata tout à coup la nouvelle de la révolution de Paris (Février 1848) et de la proclamation de la République en France, les Hongrois voulurent profiter de l'occasion pour exiger des concessions du gouvernement de Vienne. Les Croates se refusèrent à les suivre dans cette voie, protestant et affirmant hautement qu'il était peu

généreux de profiter des embarras de la monarchie. La révolution éclate alors à Vienne; malgré
la meilleure volonté, l'empereur Ferdinand ne peut
plus rien faire pour la défensé des Croates; on
raconte que Kossuth osa dans ces circonstances
s'écrier : « La Croatie! où est-elle donc? je ne la
vois pas sur la carte! » Il devait un jour s'apercevoir qu'elle existait bien réellement.

Ici une nouvelle figure paraît sur la scène ; elle
mérite trop d'être décrite pour que nous omettions
de le faire. Cette figure, à jamais mémorable, dont
les traits imprimés dans le bronze resteront à
jamais gravés aussi dans le cœur de tout Croate,
c'est celle que l'étranger nouvellement arrivé à
Agram voit immédiatement se dresser et grandir
devant lui, quand il parvient sur la place principale
de la ville. C'est la statue du ban Jellachich; il a
sauvé en 1848 la monarchie de Habsbourg; il l'a
soustraite aux étreintes des prétendus libéraux
de Vienne conjurés avec les Hongrois. Il étend
encore son épée d'un air menaçant vers la Hongrie,
comme pour montrer là où était l'ennemi. Sur le
piédestal, trois mots en lettres d'or :

Jellachich ban, 1848.

C'est simple, mais grandiose.

Il naquit en Bosnie, à Buzim, le 16 octobre 1801 ; il fut élevé à l'école militaire du Thérésianum à Vienne. A dix-sept ans, il était lieutenant de uhlans ; il fit l'apprentissage de la guerre dans les Confins militaires ; en 1842 il était déjà colonel. Ce fut Louis Gay, le chef du mouvement slave qui le proposa pour le poste suprême de ban de Croatie, en 1848. Il fut nommé par le roi et sa nomination accueillie avec enthousiasme par le peuple. Dans la proclamation qu'il publia à son avènement et qui fut comme sa déclaration de principes et son programme de réformes, il demanda formellement que toutes les relations fussent rompues avec les hommes actuellement au pouvoir en Hongrie.

Les Hongrois, à cette nouvelle, poussent un long cri de rage et envoient à Inspruck, où se trouve la cour, leurs représentations. Ils parviennent même à faire destituer le ban. Cependant celui-ci était parti pour Inspruck où il voulait se justifier devant le roi Ferdinand. Il arrive et obtient une courte audience de Sa Majesté. Le ban salue le roi au nom des fidèles Croates ; mais on lui répond par de sévères paroles ; ainsi la politique l'exige.

« Pourquoi avez-vous convoqué la diète illégalement? Pourquoi ces agissements contre la couronne de Hongrie à laquelle la Croatie appartient depuis des siècles? Mon désir est que vous vous entendiez avec les Hongrois, car si j'aime ceux-ci, j'aime aussi les braves habitants des Confins! »

Ce n'est pas tout; en revenant d'Inspruck et en passant à Linz, Jellachich jette les yeux sur un journal; il y apprend sa destitution. Il faut dire qu'il s'en préoccupe peu; il est reçu à Agram et à Vienne avec des cris de joie; il sent que les Croates et les Autrichiens sont avec lui au fond, malgré les apparences extérieures et les exigences de la politique. Les conférences auxquelles il prend part avec le président du ministère hongrois, le comte Bathyani, ne peuvent aboutir à rien : « Nous nous retrouverons sur la Drave, » dit Bathyani. — « Nous nous retrouverons sur la Theiss, » répond le ban. La Croatie lui a maintenu son titre et donné la dictature ; il faut en finir avec les Hongrois révoltés; le 11 septembre, Jellachich passe avec son armée la Drave à Varasdin.

On remarquera l'attachement profond de la Croatie pour l'Autriche et pour la dynastie des

Habsbourg; elle veut la sauver quand même; aussi Jellachich ne se laisse point rebuter; il est aux prises maintenant avec l'ennemi; battu plusieurs fois, malgré tout son courage, il marche vers la capitale et s'unit au prince Windischgraetz pour assiéger Vienne en révolte. Il prend pourtant sa revanche à Schwechat, rejette les Hongrois au-delà de la Leitha et entre en triomphe dans la ville reconquise. Envoyé ensuite en Transylvanie, il se laisse battre de nouveau par le général Bem.

L'Autriche fut néanmoins très reconnaissante envers Jellachich; elle le nomma général, puis maréchal et lui conserva le titre et les pouvoirs de ban de Croatie; il mourut en 1859, après avoir aimé et servi passionnément son pays et son souverain; de là, le souvenir impérissable qui s'attache et s'attachera encore longtemps à sa mémoire et à son nom.

C'est en 1860 seulement que la langue croate fut de nouveau introduite dans l'administration et l'enseignement; en 1861, l'empereur François-Joseph qui avait succédé à l'empereur Ferdinand, appela les députés croates à la diète qui fut tenue à l'occasion de son couronnement; il fut couronné à Bude et prit le titre de roi de Hongrie et de Croatie, Slavonie et Dalmatie ou du triple royaume uni. Nous avons raconté comment l'empire d'Au-triche était devenu l'empire austro-hongrois et comment le dualisme s'était trouvé établi et organisé. Nous avons dit que Mgr Strossmayer, évêque de Dia-kovar, avait fait partie du comité envoyé à Pesth pour s'entendre avec les Hongrois sur leurs futurs rapports avec les Croates ; cela se passait en 1866.

C'est aussi en 1866, pendant que la Croatie célébrait le trois centième anniversaire de son héros, Nicolas Zring, le vainqueur des Turcs, que le même évêque posa la première pierre de la future université d'Agram, en donnant généreusement 50,000 florins. La première idée de la fondation d'une Université avait été émise à la diète de 1861 et chaleureusement appuyée par Mgr Stross-mayer. C'est donc l'œuvre de ce grand évêque et de ce grand patriote dont l'exemple fut aussitôt suivi avec empressement. L'archevêque d'Agram donna 30,000 florins ; Mathias Debeljak 11,000 ; la ville de Varasdin 5,000 ; la ville de Carlstadt 2,000 ; la ville d'Agram 50,000 ; Emeric Kukovitch légua 120.000 francs.

En 1869, l'empereur et roi vint visiter Agram
et voulut bien donner son nom à la nouvelle Université ; enfin, en 1873, l'affaire revint devant
la diète par les soins du chanoine Racki et le
nouveau ban Mazuranitch assura sa réussite.

L'inauguration eut lieu en grande solennité et
au milieu d'un immense concours de peuple, le
19 octobre 1874. Les Croates avaient compris que
la liberté et l'individualité de leur nation étaient
manifestées par cette fondation nouvelle ; ils s'é-
taient tous donné rendez-vous à Agram ; du fond
de la Croatie, de l'Esclavonie et des autres pays
slaves, ils étaient accourus ; les femmes avaient
suivi les hommes ; ceux qui n'avaient pu venir et
c'était le petit nombre, étaient unis de cœur aux
autres ; les travaux étaient suspendus, on fêtait
ce jour mémorable, on illuminait dans les moindres
villages ; tous les cœurs battaient à l'unisson.

Un accueil tout spécial attendait le célèbre
Mgr Strossmayer, le promoteur ardent de la fondation ; en arrivant à la gare d'Agram, il trouva
réunis le ban lui-même, le conseil municipal, le
recteur magnifique, M. Mositch, et le corps pro-
fessoral de la nouvelle Université ; presque tous

les prêtres du pays et un peuple tout entier qui l'acclama. Un grand nombre d'étrangers étaient aussi venus; des Allemands, des Hongrois même avaient été entraînés par le courant (1).

Une messe solennelle fut célébrée à la cathédrale, puis il y eut séance publique à l'Université et on lut de nombreux discours et récita un grand nombre de pièces de poésie en croate et en latin. Enfin les vœux des Croates étaient comblés! ils saluaient les muses après lesquelles ils soupiraient depuis si longtemps et ils pouvaient s'écrier ce jour-là :

> *Salvete Divæ! Jam nimium di*
> *Vos expetebat terra Croatidum!*
> *Altoque cum plausu Quiritum*
> *Mons hodie indigebat Crecensis* (Agram)
> *Perampla non hic, qualia scilicet*
> *Tamésus, Ister, Sequana vel Neva*
> *Padusve monstrant; tecta vobis :*
>   *Ast patria pietate aperta*
> *Lætus salutat Palladius chorus.*
> *Grates perennes civibus accinent*
>   *Seri nepotes, qui hisce sacris*
> *Liminibus posuere prima e*
> *Auxere saxa.*

(1) *Voyage sentimental dans les pays slave* par Cyrille. Paris. 1876.

Cependant nous parcourons les rues d'Agram et il nous semble à nous aussi que nous allons assister à un spectacle extraordinaire. La ville est vraiment en fête et les maisons sont pavoisées, ornées de fleurs et de draperies : c'est qu'on célèbre aujourd'hui l'octave du *Corpus Christi*, de la Fête-Dieu, comme nous disons en France. Une grande poussée de la foule se produit vers la place Saint-Marc, et nous voyons sortir de l'église du même nom une longue procession, qui se rend à des reposoirs élevés dans la principale rue de la ville vieille. La croix ouvre la marche, puis viennent des confréries et des écoles, puis un nombreux clergé. Les jeunes gens du séminaire s'étendent sur une longue file ; ils ont une prestance superbe, et sous le surplis court et la soutane ou soutanelle on voit clairement qu'ils portent tous ou presque tous de hautes bottes. Il n'y a pas jusqu'aux vénérables chanoines et même jusqu'à l'archevêque qui ne soient chaussés ainsi comme un général de cavalerie. Celui-ci est le cardinal Mihalowitz ; il surpasse de toute la tête les membres du clergé qui l'entourent et marche droit et majestueusement, les mains jointes, revêtu de la chasuble. Son Éminence vient immédiatement avant le dais sous lequel on porte le saint Sacrement: deux laquais en livrée bleue marchent à ses côtés, l'un portant son cierge et l'autre son bréviaire. Un autre évêque le précède de quelques pas et semble être son coadjuteur. Pendant que le saint Sacrement est exposé sur le reposoir, un chœur assez nombreux d'hommes exécute un beau morceau de musique et la bénédiction est donnée au milieu du profond recueillement de la foule qui est là, au bruit des pétards et au son des cloches de la vieille église voisine.

Nous avons l'occasion de constater que rien n'échappe au coup d'œil de l'éminent prélat; il préside à cette cérémonie et sait en régler les détails quand il est nécessaire; avec cela un air de grandeur et de noblesse intraduisible; on sent qu'il est de haute race. Son prédécesseur, le cardinal Haulick, mort en 1869, à 81 ans, était déjà renommé pour sa générosité et sa magnificence. Il fonda un établissement de sœurs de charité avec orphelinat, auquel il consacra 150,000 florins, et un autre pour les veuves qui lui en coûta 50,000. Quand il célébra ses noces d'or, il donna 80,000 florins aux paroisses de la ville afin d'être distribués aux pauvres; nous avons vu ce qu'il fit pour l'Université nouvelle; il dota enfin sa ville archiépiscopale d'un parc grandiose.

La foule qui se répandait dans les rues donnait maintenant à la ville une grande animation; en arrivant sur la place Jellachich le coup d'œil était ravissant; c'est surtout la variété des couleurs qui nous surprit; le costume blanc des femmes tranchant sur les habits sombres des hommes fait un effet pittoresque. Placez çà et là un soldat en veston bleu ou un Monténégrin au splendide manteau rouge et or, et voilà de quoi mettre en joie le plus difficile des voyageurs et des artistes. C'était de plus, ce jour-là, jour de marché; sur la place, autour de la statue du ban, on apercevait de longues rangées de paysannes qui se tenaient derrière leurs petits étalages; beaucoup avaient passé une casaque jaune ou rougeâtre par-dessus leurs robes; celles qui n'avaient que cette robe, les plus jeunes surtout, ressemblaient à des prêtresses de Vesta. On ne comptait plus les troupeaux de bœufs, de chevaux, de porcs, de moutons, d'oies; nous étions débordés : nous aurions voulu voir les jeux et les divertissements et assister

à la danse ou ronde nationale, le *kolo;* nous n'eûmes
pas cette satisfaction. Il faut savoir se contenter de
ce qu'on a, et en voyage comme ailleurs restreindre
ses désirs; d'ailleurs nous n'avions pas à nous
plaindre, et pour varier nos plaisirs en quittant
Agram nous allions entrer dans un monde nouveau
et tout aussi intéressant : la Hongrie.

—Agram est une place importante de commerce,
un point central où les lignes ferrées viennent
aboutir; elle communique ainsi avec Laibach, par
Steinbrück (réseau Sud-Autrichien); avec Fiume
par Carlstadt (jusqu'à Carlstadt réseau Sud-Autrichien); de Carlstadt à Fiume, c'est une ligne
appartenant à une société privée et exploitée par
la Compagnie du *Süd-Bahn;* elle communique enfin
avec Novi et Banjaluka en Bosnie par Sissek, jusqu'où va le réseau autrichien, et avec la Hongrie et
Buda-Pesth par une ligne privée qui s'arrête à Zakany. Si on veut aller à Pesth par le Süd-Bahn on doit
passer par Steinbrück et Pragerhof, point où l'on
rencontre la grande ligne de Trieste à Vienne passant par Marbourg et Gratz, et où l'on se trouve
aussi sur la grande ligne de Trieste à Pesth. On

gagne ainsi cette dernière ville par Kanizsa, **un peu**
au-dessus de Zakany, par le lac Balaton et Stühl-
weissenbourg. **Je** suis mon excellent compagnon,
qui se rend directement à Vienne jusqu'à Pragerhof, et je prends la route de Pesth.

Steinbrück est situé au confluent de la Save et
de la Sann; c'est une localité prospère; la gare
qui se trouve dans un défilé de montagnes a un
aspect qu'on n'oublie pas, tant il est agreste et
sauvage; on se trouve là dans un endroit profondément encaissé et pour peu que le temps soit
sombre comme le jour où nous y passions, il
semble qu'on va entrer dans le vestibule de l'enfer. La nuit vient et quand je franchis la frontière
hongroise je me réveille à Kanizsa, en pleine gare,
devant un buffet brillamment illuminé où des
jeunes gens des deux sexes font une joyeuse partie et des libations copieuses; les femmes, dont le
type a grandement changé à leur avantage; — ce ne
sont plus les pauvres et douces paysannes croates;
— les femmes sont très parées, vont tête nue avec
des fleurs dans les cheveux et paraissent avoir
jeté leurs bonnets par dessus les moulins. Une
partie de cette bruyante société monte dans mon

train et j'entends les adieux qui se prolongent longtemps et le mot souvent répété de *servous*, *servous!* d'une voix lente et grave. C'est du latin, c'est du hongrois; j'ai tourné une nouvelle page dans le livre des voyages.

Kanizsa est comme Agram le nœud de cinq ou six lignes de chemins de fer; l'une d'elles vers l'est s'en va à Pesth, c'est celle que je vais prendre; l'autre, dans la direction du nord, se dirige vers Œdenbourg et Vienne par Wiener-Neustadt; une autre va à Bataszek, presque sur les bords du Danube; une dernière à Fünfkirchen, Mohács, Esseg et Szegedin. J'avais l'intention de m'arrêter à Keszthely, sur le lac Balaton, et je descendis à la station du même nom. Mal m'en prit; il était une heure du matin; il pleuvait à torrents; quand je vis la nuit noire, les voitures impossibles, très imparfaitement recouvertes par une bâche primitive; la figure et la tournure des cochers indigènes, leurs prétentions exorbitantes; quand je sus que la ville était éloignée de plus d'une lieue; je renonçai à mon projet et demeurai dans une misérable salle d'attente, jusqu'au prochain train qui passait à 7 heures et qui

devait me conduire sans m'arrêter jusqu'à Buda-
Pesth. Cette attente et ce séjour n'avaient rien
d'agréable, je l'avoue; c'est le revers de la mé-
daille dans un voyage de plaisir; il faut toujours
savoir s'accommoder à tout, quand on fait une pé-
régrination de long cours; autrement on doit
rester chez soi.

Enfin, à 7 heures, je pouvais m'étendre sur les
coussins plus confortables d'un wagon de première
et j'y voyais clair; je voyais la Hongrie; c'était
bien la Hongrie; le nom des localités que j'avais
traversées ou traversais l'indiquaient assez : Csaka-
thurn, Kraljevecz, Kottori, Mura-Keresztur, Ko-
marváos, Boglár, Szetnes, Szantod, etc. C'était
bien la Hongrie, la moitié de l'empire austro-hongrois, celle dont la position plus indépendante
y a fait entrer le dualisme et en motive l'expression dans le langage officiel; le royaume qui se
déploie en amphithéâtre aux pieds des Alpes et
des Carpathes, jusqu'à la Drave et jusqu'au bas-
Danube; le pays qui s'étend en plaine autour du
Danube moyen et de la Theiss. Outre la Hongrie
proprement dite, ce royaume comprend l'ancienne principauté de Transylvanie et réunit aussi

sous l'autorité de la couronne de saint Étienne, comme nous l'avons vu, la Croatie et l'Esclavonie ; pays magnifique, habité par une race forte et vaillante, pleine d'avenir ; protégé par cette barrière des Carpathes que les armées russes ne franchiront probablement plus jamais aussi facilement, que lors de leur fameuse intervention de 1849.

On remarque en Hongrie deux pays bien distincts, celui des hauteurs et celui des plaines ; le premier appelé *Felfoeld* situé dans la partie septentrionale et orientale ; le second, *l'Alfoeld*, autrefois rempli d'eau. C'est précisément le pays où j'arrive ; l'Alfoeld s'étend sur les rives de la Theiss et du Danube, tout autour des marécages voisins de ces rivières, et embrasse un immense espace depuis les montagnes de la Transylvanie jusqu'au lac Balaton ; on l'évalue à une trentaine de milles de l'est à l'ouest et à une soixantaine du nord au sud. A part quelques terres cultivées où poussent le blé et le maïs, quelques marécages et forêts assez considérables, on peut dire que l'Alfoeld n'est qu'une immense plaine à découvert, une mer de verdure tantôt calme, tantôt agitée comme les flots de l'Océan. Ce sont les pampas de la *République argentine* transportées dans notre vieille Europe ; de vastes pâturages appelés *Pusztas* où les bergers magyars, montés comme les *gauchos* sur d'impétueux coursiers, gardent des troupeaux innombrables de chevaux, de bœufs, de moutons et de porcs. On les nomme *csikos*, quand ils s'occupent des chevaux ; *gulyas*, s'ils sont bouviers ; *juhasz*, bergers, ou *kanasz*, gardeurs de porcs. Ce sont les savanes de l'Amérique du Nord ou les steppes de la Russie, quand l'automne est arrivé et la moisson faite ; ou mieux encore quand ces solitudes sans bornes sont recouvertes d'un blanc manteau de neige, pendant de longs mois. Nulle trace de maisons ni de chemins dans la *puszta* ; il n'est guère indiqué que par les traces des voitures et les ornières suivies par les chariots rustiques. On va toujours à cheval ; on voyage là des journées entières, comme dans les déserts du Sahara ou de l'Arabie Pétrée et la nuit, quand la lune est cachée et le ciel sombre, il serait difficile de se guider si l'on n'apercevait à l'horizon la lueur d'un feu de berger. Parfois l'éclair luit, le tonnerre gronde, le vent mugit ; alors c'est un spectacle effroyable, la tempête se déchaîne ; c'est un ouragan de poussière ou de neige ;

malheur au voyageur imprudent qui se laisse sur-
prendre ! il y trouve souvent la mcrt.

Le train longe le lac Balaton dans toute son
étendue, c'est-à-dire sur un parcours de dix milles
à peu près ; c'est toujours le désert, soit du côté
de la terre, soit du côté de l'eau, où l'on ne voit
pas une barque, pas un pêcheur ; le lac mérite
bien le nom de *petite mer* ou *mer hongroise ;*
impossible d'apercevoir la rive opposée ; on a
l'illusion d'une vaste nappe d'eau ; surtout quand
il pleut et qu'il agite ses ondes pures, pour se
donner des airs d'océan. S'il ne faisait pas si
mauvais temps, pourtant, on pourrait descendre à
Siófok, pour prendre le bateau à vapeur et aller
de l'autre côté à Füred et à l'abbaye de Tihany ;
on verrait le Trouville hongrois, bâti par les moines
bénédictins ; ils ont tout bâti : les églises, les
auberges, les bains et même le théâtre où l'on
joue des pièces nationales, composées souvent par
de vénérables ecclésiastiques, au nom de l'art et
du patriotisme ; « *Honny soit qui mal y pense !* »
On pourrait ajouter que le clergé hongrois a réa-
lisé l'idéal ; il a un théâtre entre les mains ; la
littérature et la morale ne pourront qu'y gagner.

Nos censeurs français seront-ils désarmés par ce raisonnement? Je n'ose encore l'espérer; il faudrait voyager pour comprendre; il faudrait voir pour être convaincu.

Dans mon compartiment j'ai en face de moi une figure aristocratique qui me console de n'avoir pu contempler l'aristocratie hongroise en pleine villégiature, au milieu des délices de Füred. Voilà bien le type magyar : une tête noble, des yeux grands et vifs, un nez arqué, des cheveux bruns et crépus, une barbe abondante et bien taillée en pointe, les extrémités fines ; la figure d'un Turc européennisé et christianisé. Quelles sont les origines de cette race puissante des Magyars? Les Romains avaient ici une province éloignée, la Pannonie sur la rive droite du Danube; au delà c'était le pays des Barbares. Pendant les grandes migrations de ceux-ci, les Huns commandés par Attila passèrent de l'autre côté et inondèrent le pays ; le mot *Hongrois* vient, à n'en pas douter, du mot *Hun*. L'arrivée des *Magyars* ou des *puissants* date seulement de la fin du ixe siècle ; ils absorbèrent tous les débris des peuplades nomades et asiatiques qui étaient passés là avant eux et eux y restèrent définitivement;

Arpad était leur chef. Leur roi saint Étienne fut couronné l'année 1000; désormais la nation hongroise était acquise au christianisme.

Leur histoire dès lors, comme celle des Croates, est tout entière dans le récit des luttes qu'ils eurent à soutenir contre les Turcs, leurs remuants et terribles voisins. Au XIVe siècle nous les voyons gouvernés par les princes napolitains de la maison d'Anjou; le roi Louis Ier devient même roi de Pologne; au XVe siècle ils sont les sujets de Jean Hunyade et de son fils le fameux Mathias Corvin, puis ils le deviennent des empereurs d'Autriche en la personne de Ferdinand Ier, frère de Charles-Quint. Ils se révoltèrent néanmoins plusieurs fois contre ceux-ci, et c'est alors qu'ils recherchèrent malheureusement l'alliance des Turcs; mais à partir du commencement du XVIIIe siècle, ils gardent fidélité aux empereurs et se dévouent pour sauver Marie-Thérèse. En 1848, nouvelle révolte qui les ramène après la répression au rang de province autrichienne. Ils surent dans la suite, malgré cet échec, reconquérir leur autonomie et leur indépendance.

Les Hongrois sont grands, nobles, fiers, braves, patriotes à l'excès; ils recherchent le faste et la

magnificence, le luxe et les vêtements de parade;
dans les grandes occasions leurs magnats aiment à
revêtir une veste à la hussarde ornée de soutaches,
de galons, brodée de fleurs et garnie de petits
boutons ronds en métal, souvent en or et en pierres
précieuses; ils se coiffent avec le *kalpak*, surmonté de l'aigrette en plumes de héron et se chaus-
sent de bottes vernies armées d'éperons qui font
du bruit, comme le sabre en forme de cimeterre
et au fourreau de velours qui traine derrière eux.
C'est une nation militaire que ce peuple magyar
et ses régiments de cavalerie sont renommés.
Le paysan, lui, a l'air tout aussi martial avec les
larges pantalons de toile, la veste de peau brodée, les
bottes et le petit chapeau. Le costume des femmes
est très coquet; elles portent une pelisse enjolivée
de soutaches de cuir et de boutons d'argent, trois
ou quatre jupes superposées, jupes fleuries,
tuyautées, plissées avec art, un tablier, un fichu
aux couleurs voyantes; les cheveux sont nattés
et entrelacés de cordons vert ou rouge-sang. Le
type est vraiment gracieux, les traits réguliers et
le teint d'une grande pureté.

On conçoit qu'une race aussi fière doive avoir

une préférence marquée pour les exercices violents, la chasse par exemple, ou le métier des
armes. On verra peu de nobles magyars se livrer
à la grande culture et aux travaux industriels,
encore moins au commerce. Les Juifs sont venus,
qui ont offert leurs services; le Juif était nécessaire: mais par là même qu'il se livrait à des
fonctions méprisées, il est devenu méprisable aux
yeux des Hongrois; en exploitant plus ou moins
ceux-ci, il est devenu odieux.

Toute autre est la profession libérale, artistique
ou littéraire pour les Magyars: le musicien Liszt,
le peintre Munkacsy, le poète lyrique Alexandre
Petöfy, à qui Pesth vient d'élever une magnifique
statue l'an passé, le poète épique Jean Arany
qui vient de mourir au mois de novembre dernier, montrent assez les dispositions des Hongrois
pour les travaux de l'esprit. Leur langue est
belle comme sonorité, riche en conjugaisons,
précise, expressive; le plus ancien monument
connu est de la fin du xii° siècle; elle a remplacé
le latin définitivement en 1848 et a été érigée
en langue officielle; on la parle partout dans
les écoles, les tribunaux, les bureaux et au

parlement. Elle n'a de parenté avec aucune langue européenne.

Mais nous arrivons à Buda-Pesth et je débarque rapidement. Il ne m'est jamais difficile d'accomplir cette opération, par la raison toute simple que je porte tout avec moi, selon le précepte du sage et la recommandation du Guide du *parfait toúriste :*

> Qui songe à voyager
> Doit savoir écouter,
> D'un pas égal marcher,
> Ne point trop se charger,
> Dès l'aube se lever,
> Et soucis oublier.

On a vu que j'étais levé bien longtemps avant l'aube; quant à mon bagage, tout restreint qu'il pût être, je ne pouvais pas cependant le traîner après moi dans les rues d'une ville inconnue. Je pris une voiture, action légitime et naturelle qui me coûta fort cher; soit: 1 florin 1/2, ou 3 fr. 75 c., tout cela pour aller à l'*hôtel de l'Europe;* un bel hôtel, je ne puis le nier, mais dont les prix sont en proportion directe avec sa beauté et sa magnificence. N'en médisons pas; je reviendrais à Pesth que peut-être je retournerais me loger au même endroit : c'est qu'on ne sait pas que Pesth est une ville exquise, luxueuse, somptueuse, l'expression du caractère hongrois; il n'y faut pas venir si on ne veut pas dépenser de l'argent.

Aussitôt après la sortie de la gare, on arrive par la *Schulgasse* à l'entrée d'un long tunnel pratiqué dans une colline appelée le *Schlossberg* (montagne du château); quand on débouche de ce tunnel, la voiture se trouve en face du *Kettenbrücke*, le fameux pont suspendu jeté sur le Danube entre Bude et Pesth; la voiture s'engage sur le pont, qui a une chaussée et deux chemins de chaque côté pour les piétons; le coup d'œil est féerique; jamais, jamais on ne pourra voir un plus beau décor d'opéra !

Sous mes pieds un grand fleuve aux eaux profondes, rapides, impétueuses; de nombreux navires qui passent le front haut, vomissant feu et fumée, sous ce pont colossal, le *Kettenbrücke*. A ma droite, la vieille Bude (all. *Ofen*), avec son château royal et ses jardins qui descendent jusqu'au fleuve, encadrés d'une façon délicieuse par deux longues galeries à colonnades et un portique de marbre blanc qui fait la façade; sa forteresse, ses bains orientaux, le *Kaiserbad* et l'île Marguerite. A ma gauche, de l'autre côté de l'eau, une ville moderne avec de hautes maisons, des hôtels qui sont des palais, de vastes places, des coupoles dorées, des rues de capitale, des jardins verdoyants, des quais et des entrepôts à perte de vue.

Sans m'attarder beaucoup à l'hôtel de l'Europe, dont le portier galonné voulait me montrer les beautés, l'escalier monumental et la salle des fêtes, je me mis à courir immédiatement par les rues de la ville. La première impression fut mauvaise : il faisait un froid glacial en plein mois de juin; tel est le climat de Pesth et le touriste devra toujours y venir avec des vêtements chauds; je compris alors pourquoi on nous représente toujours les magnats et autres Hongrois couverts de dolmans bordés de fourrures; ces fourrures sont une nécessité.

En repassant le pont suspendu, je m'entendis appeler par mon nom; ô surprise! c'était mon bon compagnon qui, revenu de Vienne, me cherchait depuis le matin; nous dûmes aller jusqu'au bout de cet immense pont pour nous rejoindre, parce qu'il n'y a pas de communication entre les deux chemins de piétons, à travers la chaussée : nous étions à Bude. Chose singulière ! tous les voyageurs qui viennent ici et qui ont à choisir entre les deux villes, commencent toujours leur visite par ce côté : l'amour des vieilles choses et des souvenirs historiques ! Il est certain que la couleur originale est à Bude surtout.

Bude, l'ancienne *Aquincum* des Romains, poste et colonie militaires pour surveiller les barbares de la rive gauche du Danube ; Bude capitale d'Attila qui lui donne le nom de son frère Buda, enseveli dans le fleuve ; Bude capitale de Mathias Corvin qui en fait le centre de la vie politique, littéraire et artistique de l'Europe orientale et y appelle tout ce qui est grand et qui porte un nom connu en Occident. Bude, hélas ! après avoir servi de résidence à la couronne de saint Étienne, devenue depuis Mohacs le siège d'un pachalick turc. O honte ! Le riche seigneur Jean Zapoly ayant été élu roi par une grande partie de la nation hongroise contre son compétiteur l'empereur Ferdinand, la guerre éclate en 1526 ; il est battu et

demande du secours à Soliman. Soliman entre
en Hongrie avec 230,000 hommes, 300 canons,
20,000 chameaux, 8,000 grandes barques sur le
Danube pour le transport des vivres et des *impe-
dimenta*; il donne rendez-vous à Zapoly sur le
champ de bataille de Mohacs et lui présente sa
main à baiser : il reprend Bude, l'offre à son
ami Zapoly et marche sur Vienne.

Bude fut reprise par Charles de Lorraine et
Maximilien de Bavière en 1686, mais elle a toujours conservé un aspect plus ou moins asiatique :
montez au sommet du *Blocksberg*, vous y trouverez
un marabout musulman encore bien conservé,
c'est le tombeau de l'*hadji* ou du pèlerin Gul-
Baba; regardez sur les pentes de la montagne: les
clochers de ses églises ont la forme de minarets;
entrez dans ce bain qui est en bas et qu'on appelle *Budas-Fordo* : je n'ai rien vu là qui fût différent de ce qu'on voit dans les bains turcs ou
arabes d'Alexandrie, de Jaffa ou de Beyrouth.
Je me trompe, Bude est chrétienne et n'est plus
musulmane, et elle a retenu non pas les qualités,
mais les défauts des anciens conquérants : en
Turquie et à Bude, ce sont bien les mêmes bains

chauds, une grande rotonde sombre soutenue par de gros piliers, avec une grande cuve de marbre. En Turquie, parce qu'ils sont Turcs, les hommes et les femmes viennent au bain à des heures séparées; à Bude, parce qu'ils sont chrétiens, les deux sexes y viennent effrontément ensemble; je ne dis pas qu'il se commette des crimes dans cet antre sombre où je suis entré; mais la morale y gagne-t-elle beaucoup? Je ne sais. Et pourquoi donc tous les Hongrois à qui j'ai manifesté ma surprise et mes doutes ont-ils fait la sourde oreille?

Je n'en veux pas aux Hongrois outre mesure; et malgré ce Jean Zapoly, malgré Tokoly qui amena ses troupes au siège de Vienne comme auxiliaires des Turcs, et le tribun Kossuth qui fut un terrible homme et le général hongrois Goergey qui assiégea les Impériaux dans la forteresse de Bude, j'aime à me rappeler ce qu'ils firent pour Marie-Thérèse quand ils promirent, selon les uns, *vitam et sanguinem* à cette jeune reine qui parlait si bien le latin et devait les comprendre; ou, selon les autres, quand ils s'écrièrent: « *Moriamur pro rege nostro Mariâ Theresâ !* » j'aime à me rappeler qu'ils donnèrent loyalement leur concours à l'empereur François II, qu'ils aiment aussi leur roi actuel et surtout leur brave et fière reine Elisabeth d'Autriche, qui le leur rend bien ; j'aime à voir enfin qu'ils ont conservé ici tout près du vieux *Schloss*, le monument élevé à la mémoire des soldats croates tués en défendant Bude contre Goergey sous les ordres du général Hentzi. On raconte que l'empereur et roi François-Joseph aurait prononcé ces belles paroles : « Ce monument est la glorification de la fidélité au devoir, et je ne comprendrais pas que le patriotisme hongrois pût être froissé de cet hommage rendu à l'honneur militaire. »

Un coup d'œil seulement sur le château rebâti par Marie-Thérèse et dont l'aile gauche renferme la couronne de saint Étienne et le manteau, le sceptre, le globe et l'épée du couronnement. Après bien des vicissitudes, après avoir été successivement aux mains des Turcs, des Allemands, ou des révolutionnaires, le palladium de la Hongrie est revenu à Bude où le roi Bèla l'avait placé autrefois ; et le peuple ne reconnaîtrait jamais pour son roi le prince qui n'aurait point posé ce diadème sur son front au grand jour du couronnement.

Nous passons par le quartier serbe, dont les habitants sont tous grecs schismatiques et nous revenons à Pesth.

Mon ami loge au *grand hôtel Hungaria;* il veut me faire voir son chez lui et me conduit sur le *Frenks-Joseph rakpart;* c'est le plus beau quai de Pesth; l'endroit où le soir tout le *high life* se réunit; les hôtels sont de grandes et belles constructions, possédant tous au rez-de-chaussée une superbe salle de café; les bureaux des Compagnies à vapeur sont sur le fleuve même, au bas du quai; gros et petits bateaux vont et viennent d'une rive à l'autre, montent et descendent, se croisent et s'entrecroisent dans un pittoresque désordre.

Nous entrons dans la cour intérieure de l'*hôtel Hungaria;* c'est véritablement splendide; un jardin; une foule de petites tables placées dans des massifs de verdure et de fleurs; un autre massif cache à demi un orchestre de Tziganes. Les consommateurs entrent; ceux-là sont des étrangers, ceux-ci sont des Magyars; on les reconnaît à la crânerie qu'ils mettent à se découvrir la tête et à livrer aux garçons d'une main leur chapeau, de l'autre leur canne et leurs gants. Puis les garçons vous apportent des bocks qui ne finissent pas, ou de délicieuses tasses de lait couvertes d'une mousse parfumée. Pendant ce temps-là, les Tziganes se sont levés, ils jouent la *Csárdás*, la danse nationale; on les écoute et on ne danse pas, bien entendu. Cette *Csárdás* commence par un *andante* doux, ondoyant plaintif, mélodieux; c'est comme un souvenir des malheurs éprouvés par la patrie, mais elle tourne bientôt à un *allegro* frénétique qui fait vite oublier tous les malheurs. Le chef de musique reste l'archet levé, le corps cambré, la tête renversée, comme en extase; il ressemble à un prophète inspiré. Ce sont les Tziganes qui cultivent surtout et pour ainsi dire exclusivement la musique nationale; ils possèdent un talent merveilleux, inné, et, après les avoir vus et entendus à l'Exposition universelle de Paris, j'étais bien aise de les revoir dans leur vrai milieu, chez eux.

En continuant notre promenade sur le quai François-Joseph, nous rencontrons deux églises grecques; l'une appartient aux grecs unis, l'autre aux schismatiques; malheureusement elles ne sont pas ouvertes; une église catholique se présente, nous y entrons : grande affluence de monde; c'est un mariage qu'on célèbre à six heures du soir; en jouant des coudes, nous parvenons jusqu'à l'entrée du chœur. Les gens de la noce sont là, en toilette de bal; les hommes en habit, les dames très décolletées, en cheveux et toutes fleuries; ils forment tous le demi-cercle autour de l'autel pour écouter le célébrant qui fait un discours; c'est un bel homme, très grand; il porte les insignes épiscopaux : une mitre, la crosse et l'anneau; on nous dit que c'est le curé de la paroisse.

Retour par la place du Couronnement; en s'enfonçant dans la cité on trouve la place Élisabeth; de grandes et belles rues sillonnées par des tramways qui vont jusqu'au *Parc de la ville*. Pesth est certainement une jolie capitale; les constructions qui frappent le plus, sont : le palais de la Compagnie de Navigation à vapeur et celui de l'Académie nationale, où la célèbre galerie de tableaux du prince Esterhazy avec sa riche collection de dessins et d'estampes a trouvé place en 1865; ceux du Lloyd de Pesth et de la Bourse; le Casino de l'aristocratie *Redoutengebaüde ;* le théâtre de la ville et l'hôtel de ville. La rue Waïtzen a de beaux magasins, et elle sépare la belle partie de la cité, c'est-à-dire celle qui se trouve aux approches du fleuve, des quartiers plus reculés, des faubourgs toujours régulièrement tracés, quoique moins bien pavés; chose curieuse! pas d'églises remarquables à Pesth; les yeux de l'étranger cherchent partout une belle église romane ou gothique, et ne peuvent la trouver.

Nous nous rejetons alors sur la grande synagogue mauresque bâtie en 1857, en briques, avec soubassement de marbre rouge, et qui produit un effet fantastique avec ses deux hautes coupoles bulbeuses et dorées. Aussi bien, depuis quelque temps nous voici environnés d'un peuple étrange, mais très reconnaissable au type, ce sont des Juifs; il y en a partout; les uns très corrects, en redingote et chapeau noir, les autres en soutanelle de couleur et les cheveux tombant en tire-bouchons sur chaque tempe. On nous laisse très bien pénétrer dans la synagogue; il est neuf heures du soir; dans la demi-obscurité luit çà et là un bec de gaz qui ressemble à une lampe sépulcrale, éclairant faiblement la voûte haute, les bancs de chêne sculpté bien alignés, les murs dorés. Au fond les tables de la loi et le saint des saints ; une tribune pour le rabbin qui commence à lire la Bible, et dans tous les coins sombres un murmure de voix qui semble répondre sur le ton de la supplication. Je ne sais pourquoi, mais je respire plus librement quand je suis sorti de là : peur enfantine, si l'on veut, mais j'ai toujours eu un peu peur des Juifs.

Les Juifs n'ont jamais guère été aimés en Hongrie ; dans les actes des plus anciennes assemblées nationales, on rencontre partout des lois sévères contre les usuriers juifs ; il ne leur était pas permis de posséder des terres et des biens ; il n'y a pas longtemps que ce droit leur a été accordé ; ils ont été mis du reste sur le pied de l'égalité avec les autres citoyens, en toutes choses. Les Juifs alors se sont généralement adonnés au commerce ; aujourd'hui la plupart des commerçants en Hongrie sont juifs. Un juif est un homme qui cherche à gagner le plus d'argent possible ; ils sont considérés comme un fléau par le peuple des provinces et peut-être quelquefois mettent-ils un peu trop à profit l'ignorance et la bonne foi des paysans. Si vous entrez dans un village hongrois, vous verrez toujours que le cabaretier et le marchand sont Juifs; ils ont tout le village dans la main et dans la bourse. On a besoin d'eux, on est obligé d'en passer par leur volonté. A cela on pourrait répondre que les Hongrois ont tort de se tant désintéresser des questions du petit commerce; mais il faut compter avec ce caractère national fier et chevaleresque que nous leur connaissons.

Néanmoins voilà la cause de l'acharnement général qui règne contre les Juifs et qui s'est révélé d'une manière éclatante, il y a quelques mois, à Presbourg et aux environs; il y a eu des émeutes, du tapage, des protestations violentes contre les Juifs, et le gouvernement a dû envoyer contre les manifestants plusieurs régiments de cavalerie qui ont rétabli l'ordre. On ne peut guère prévoir où la chose aboutira; le peuple est très monté. Ce qui a aggravé la situation dans ces derniers temps, c'est cette fameuse affaire de *Tisza-Eszlar*. Tisza-Eszlar est un petit village situé au bord de la Teisz. Au milieu d'une fête juive, une jeune fille chrétienne, nommée Eszter a disparu tout à coup sans laisser de traces ; dans le cours des interrogations judiciaires, le fils du prêtre juif a prétendu qu'en regardant par le trou d'une serrure, il aurait vu ses parents en train d'assassiner cette jeune fille. On sait qu'une inquisition rigoureuse a été ordonnée par le gouvernement et que pendant les débats devant la Cour, les juges ont acquis la conviction que le peuple ici s'était trompé et qu'il n'y a pas eu crime ; les prévenus ont été absous ; forcés de s'éloigner de leur pays, en passant à Pesth, et malgré le verdict d'acquittement, ils se sont vus assiégés dans l'hôtel où ils étaient descendus et ont presque provoqué par leur présence une nouvelle émeute.

Les Juifs sont cinquante mille à Pesth ; il y a un dicton magyar qui dit que le nombre des Juifs est aussi considérable dans la capitale que dans toute la France. Ils sont exclusivement voués au commerce. Les plus grandes maisons du haut négoce, les plus infimes fripiers sont juifs. Ils se donnent toutes les peines possibles pour affirmer leur patriotisme et se montrer bons Hongrois, comme les autres ; la plupart changent même leurs noms qui sont ordinairement des noms allemands contre des dénominations hongroises et les plus sonores possibles; rien n'y fait; la manière d'agir reste toujours juive pour le public qui est très prévenu.

Voici comment un Juif fait sa carrière: Venu de Pologne ou de Russie, sans un sou vaillant, il commence à acheter les vieux habits et les peaux de lapins, jusqu'à ce qu'il soit à même d'ouvrir une petite boutique ou un débit d'eau-de-vie dans une petite ville; bientôt après on le voit dans les faubourgs de la capitale, installé comme fripier, et il arrive parfois à pouvoir élever un palais magnifique. Il lui a fallu dix ans pour trouver une fortune.

Parmi les Juifs, il en est qui observent rigoureusement les préceptes de leur religion; ce sont les orthodoxes; il en est d'autres, et c'est la plus grande partie, qui ne le font pas; ils ne sont, on peut le dire, ni juifs, ni chrétiens, mais athées.

Le lendemain, nous allons à la messe à dix heures à l'église voisine; elle est desservie par les Servites; on y chante à l'élévation en magyar; les enfants de chœur sont des hommes de 25 ans à belle barbe noire et l'un d'eux vient quêter avec une bourse à clochettes; c'est tout à fait original.

Continuation de nos courses à travers Pesth; son monument le plus remarquable et le plus imposant est, sans contredit, le grand musée national; il contient une bibliothèque de 250,000 volumes et 1,200 manuscrits; de plus une galerie de tableaux, de superbes collections d'histoire naturelle, d'archéologie, d'armes, de numismatique, etc.

En face du musée, dans la *Sandorgass*, le palais des États, *Landhaus*, de style renaissance, et qui sert aux séances de la diète.

La Hongrie au point de vue politique ressemble beaucoup à l'Angleterre. Elle a comme l'Angleterre une monarchie constitutionnelle et parlementaire. La diète générale est composée de deux chambres : la haute ou *table* des magnats, la basse ou *table* des représentants. La table des magnats comprend les trois archiducs, propriétaires de terres en Hongrie; trente archevêques ou évêques du rit latin ou grec; l'archi-abbé de Martinsberg;

le prieur des prémontrés de Jaszo; le grand prieur du chapitre d'Agram; puis les douze hauts barons du royaume, les cinquante-trois gouverneurs des comitats, quatre chefs de district, cinq juges des Szeklers, le comte des Saxons, trois magnats de Transylvanie, le gouverneur de Fiume et deux députés de la diète croate.

La table des représentants compte 444 députés des comitats, districts et villes; dont 334 pour la Hongrie, 75 pour la Transylvanie, 34 pour la Croatie et 1 pour Fiume. Les Confins militaires n'ont pas de députés à Pesth. Les députés croates peuvent parler leur langue à la tribune. Les président et vice-président des magnats sont nommés par le roi, le président des députés par la chambre. La diète est convoquée tous les ans par le roi à Pesth. Les députés sont élus pour trois ans par le suffrage direct ou indirect; le corps électoral comprend plus de 900,000 électeurs au-dessus de 24 ans, nobles ou payant l'impôt. Les députés croates, eux, sont délégués à Pesth par la diète d'Agram, qui les choisit dans son sein.

Il y a cette différence avec l'Angleterre que les

magnats peuvent momentanément abdiquer leur qualité et se faire élire députés ; mais, comme dans les comtés anglais, les élections dans les comitats ont lieu au milieu de beaucoup de bruit et de tapage ; les candidats dépensent des sommes énormes pour les élections ; on conduit les électeurs au vote dans des voitures pavoisées et au son de la musique tzigane ; on boit, on mange, on joue, on se bat et finalement il sort un député de toute cette bagarre.

Les intérêts communs de l'Autriche et de la Hongrie sont discutés non pas dans l'assemblée de Vienne (*Reichsrath* cisleithan), ni dans la diète hongroise, mais dans une diète spéciale ; chaque assemblée choisit donc parmi ses membres soixante délégués, dont un tiers de magnats et deux tiers de députés, et ces deux délégations séparées siègent alternativement à Vienne ou à Pesth.

L'autorité souveraine appartient au roi ; chef du pouvoir executif, il nomme les ministres, il préside leur conseil, il propose et promulgue la loi et a le droit de grâce. La Hongrie fournit la moitié de sa liste civile, qui est de 9,300,000 florins.

Les trois ministres communs aux deux parties de la monarchie sont ceux des affaires étrangères, de la guerre et des finances; mais le ministère hongrois, responsable de tous ses actes devant le parlement, comprend le département de l'intérieur, les trois départements réunis : industrie, commerce, agriculture; la justice, les cultes l'instruction publique et les voies de communication; il y a de plus un ministre de la cour, et un autre chargé spécialement de la Croatie et de la Slavonie. La Transleithanie possède sa cour des comptes.

Chaque comitat a son assemblée élective qui s'occupe de toutes les affaires locales et nomme le sous-préfet, *alispan*, qui est le préfet réel; l'*oberges pan*, nommé par le gouvernement, titre correspondant à celui de préfet chez nous, n'est guère qu'un commissaire de surveillance. Détail curieux, ce sont les familles nobles de chaque comitat qui se sont emparées des assemblées locales et qui ont réparti entre leurs membres les fonctions que confèrent ces assemblées; nous l'avons dit, le noble magyar a le commerce en horreur; s'il n'est pas soldat ou s'il a échoué dans ses examens d'Université et qu'il ait perdu sa fortune, il doit, pour trouver des moyens d'existence, devenir fonctionnaire à un degré quelconque, c'est fatal.

Enfin, pour la justice, il y a à Pesth une cour royale de cassation de laquelle relèvent deux cours d'appel ou *tables* royales, une à Pesth, une autre en Transylvanie, et 116 tribunaux de première instance, avec 70 cours d'assises et 374 juridictions royales de district. Il y a deux tribunaux de commerce à Pesth et à Fiume. Le code officiel est le *corpus juris hungarici*, qui comprend une foule de lois civiles et pénales et de coutumes et décrets du roi ou des diètes depuis 1514 (1).

Nous allons partir ; mais auparavant nous avons fait comme tout le monde, nous sommes retournés à Bude ; nous avons traversé le viaduc en poussant jusqu'au *Politischer Kraisler*, à l'enseigne *Back de Noa*, l'arche de Noé : c'est là qu'on boit le meilleur vin de Hongrie, Tokay ou autre. Il ne faut pas manquer non plus d'aller visiter l'île Marguerite, la plus délicieuse des pro-

(1) Le *Monde terrestre,* par Ch. Vogel. Paris, Reinwald, 1880, et *passim.*

menades, et de prendre au moins un bain
au Kaiserbad, dans un cabinet luxueux orné
d'une piscine en marbre rare, pendant qu'à côté
dans la cour les Tziganes jouent toujours
leurs airs endiablés. — Buda-Pesth est un rêve
d'Orient.

VII

SUR LE DANUBE

Géographie du Danube. — La navigation à vapeur sur e
fleuve. — Les chemins de fer du réseau hongrois. —
A bord du bateau. — *Dignetur reverentia tua.* — Nationalités et population de la Hongrie. — Gran, ville prima-
tiale. — État de l'épiscopat magyar. — Ce que peut faire
un clergé riche et patriote.

Nous prenons notre billet pour le paquebot qui
va à *Gönyö*, près *Raab*, et nous montons à bord.
Cette traversée du Danube est de rigueur dans
un voyage en Autriche-Hongrie ; elle est du reste
un enchantement de tous les instants ; après un
voyage sur le Mississipi ou sur le Fleuve Bleu, il
faut faire une traversée sur le Danube et sur le

Rhin, qui sont les plus beaux fleuves de l'Europe. Voici la liste des escales : Pesth, Ofen (Bomben-platz), Waitzen, Gran, Piszke, Almas, Komorn, Neu-Szöny et Gönyö. On part à 6 heures du soir et l'on arrive à Gönyö à 2 heures 1/4 du matin; là on quitte le Danube et un bateau spécial (*Local-schiff*) vous conduit à Raab, par la rivière du même nom; on arrive vers 4 heures ou 5 heures; là course complète coûte, en 1re classe, 4 florins et 14 kreutzers.

Heureux le pays qui aujourd'hui possède cette force que l'on appelle le Danube! les Romains l'avaient soupçonnée et puis connue cette force-là. Autrefois la barbarie s'arrêtait sur ces bords. Les Goths, les Huns, les Avares, les Magyars et les Turcs ont remonté le Danube en épouvantant l'Europe; aujourd'hui c'est la civilisation qui descend avec ses flots vers ce qui reste encore de barbares entre l'Autriche et l'Asie.

Malgré la diversité des races qui composent la monarchie austro-hongroise, l'unité géographique est frappante dans les deux parties de cette monarchie et le lien de cette unité est le Danube qui possède le bassin fluvial le plus étendu de tout le continent et groupe autour de lui ou de ses affluents presque toutes les provinces de l'Autriche et de la Hongrie et semble lui indiquer l'Orient coulant vers le sud.

Le Danube ou *Donau* est le premier fleuve de l'Europe pour le volume d'eau et le second pour l'étendue. Sortant de la forêt Noire vers l'est, et formé du confluent de la Brigach et de la Brege, il traverse les gorges des Alpes de Souabe, et arrive, par Sigmaringen, à Ulm. C'est à Passau qu'il entre sur le territoire autrichien, et déjà là on voit établi depuis Ulm un service de bateaux à vapeur pour la navigation sur le fleuve. A Ottensheim il entoure de nombreux îlots; entre Linz et Grein on ne peut plus compter ces îles, le paysage est admirable, les rives très accidentées, couvertes de châteaux, de villages, d'abbayes, de forêts, les gorges et les rapides ne manquent pas; de Grein à Krems le Danube est moins large, mais à partir de là, la rive gauche s'abaisse et recommence à former de nombreuses îles, en montrant une vaste plaine jusqu'à Greifenstein, près Vienne. Un petit canot se détache du fleuve et amène à Vienne les voyageurs qui doivent

quitter les grands bateaux, trop larges pour la fin
de la traversée. Les plus belles parties du voyage
sont ensuite entre Deutsch-Altenbourg et Presbourg
et entre Nesmülh et Waitzen, et aux approches
de Buda-Pesth. Le Danube entre en Hongrie à
l'endroit de son confluent avec la March, un peu
avant Presbourg; son nom magyar est la *Duna.*

Le Danube traverse donc toute la monarchie de
l'ouest au sud-est, partageant l'Autriche allemande et la Hongrie en deux moitiés, et recueil-
lant sur la rive gauche tous les cours d'eau qui
viennent des Carpathes et sur la rive droite toutes
les rivières qui descendent des Alpes, soit du nord,
soit de l'est. Ces rivières sont à droite : la Leitha,
la Raab, la Drave et la Save; à gauche : la Waag
près Komorn, la Neutra, la Gran en face de la
ville du même nom et la Theiss.

C'est en Hongrie que ce magnifique fleuve
commence à prendre ses grandes allures; après
avoir traversé Presbourg, être passé non loin de
Raab, avoir baigné les murs de Komorn, de Gran
et de Buda-Pesth, il arrive à Belgrade. Sa direction désormais est tournée vers l'est, et les rochers
commencent à l'enserrer des deux côtés, surtout

vers les Portes de Fer ; il s'étend enfin en delta vers ses embouchures jusqu'à la mer Noire. Il atteint jusqu'à 1 kilomètre et 560 mètres de largeur et 14 mètres de profondeur à Semlin ; dans les défilés cette largeur est réduite quelquefois à 120 mètres ; mais par contre, la profondeur est de 50 mètres ; c'est l'endroit des plus grands rapides et des gorges aux aspects grandioses (1).

Un pareil cours d'eau a naturellement été utilisé par l'Autriche-Hongrie, et c'est pour elle une source de richesses. Une compagnie fondée par actions à Vienne, en 1830, y a introduit la navigation à vapeur et a établi des voyages réguliers jusqu'à la mer Noire ; ses grandes lignes sont celles-ci :

1. De Passau à Linz et Vienne.
2. De Vienne à Presbourg.
3. De Vienne à Buda-Pesth.
4. De Neu-Szöny à Buda-Pesth.
5. De Dömös à Buda-Pesth.
6. De Buda-Pesth à Mohács et Fünfkircher
7. De Buda-Pesth à Paks.

(1) Le *Monde terrestre*.

8. De Buda-Pesth à Semlin-Roustzouk-Giur-
gevo.

9. De Giurgevo à Galatz.

10. De Galatz à Ismaïl-Kilia.

11. De Galatz à Odessa.

12. De Schabatz à Belgrade-Gradischte et Or-
sova.

13. De Szegedin à Titel et Semlin sur la Theiss.

14. De Sissek à Brood et Semlin sur la Save.

Comme on le voit, les bateaux de la Compagnie
desservent outre le Danube, ses trois grands
affluents la Theiss jusqu'à Tokai, la Save jusqu'à
Sissek et la Drave jusqu'à Esseg. Les grands
chantiers sont établis à Alt-Ofen, en face de
Pesth; le charbon vient de Fünfkirchen à Mohács. Le matériel comprenait, en 1875, 146 bateaux à vapeur et plus de 500 chalands pour
l'embarquement et le débarquement des marchandises. En 1872, les paquebots avaient transporté 1,855,000 voyageurs et 1,150,000 tonnes
de marchandises.

Avec ces puissants moyens de parvenir à une
haute prospérité, l'Autriche-Hongrie possède

17,984 kilomètres de railways, dont 6,773 appartiennent au réseau hongrois. Pour ne parler que
des pays hongrois proprement dits, nous savons
déjà comment on arrive d'Agram à Buda-Pesth ;
une autre ligne venant de l'ouest et de Bruck ou
Wiener-Neustadt, pays frontière, arrive à Raab
et à Pesth par Stuhlweissenbourg.

Au delà du Danube le réseau est beaucoup plus
considérable; le plus long et le plus suivi va de
Vienne à Bazias sur le Danube, en passant par
Presbourg, Ersékujvar, Waitzen, Pesth, Kecske-
met, Szegedin, Temesvar et Versecz. Cette grande
ligne est traversée sur plusieurs points par des
lignes moins importantes, mais qui rayonnent
dans tous les sens, du Danube aux Carpathes et
sillonnent la haute Hongrie et la Transylvanie.

La position de l'Autriche-Hongrie entre l'Italie,
l'Allemagne, la Russie et la Turquie a amené
un mouvement de transport très actif. Ce qui
concerne son commerce intérieur et extérieur
s'évaluerait en chiffres importants : la Hongrie seule entre pour une bonne part dans ce
mouvement, par suite des exportations de blés
ou de vins et des produits de l'industrie métal-

lurgique et minière de la partie septentrionale
du royaume (1).

Quand nous nous sommes bien remémorés
tous ces détails d'érudition et de statistique,
qui pourraient à première vue paraître fasti-
dieux, mais qui ne le sont nullement, sur
place et dans le pays même, dont ils attestent la
force et la grandeur; nous faisons connaissance
avec le bord et les gens du bord. Notre bateau
est vaste et confortable; on peut se promener à
l'aise d'un bout à l'autre du pont, pour admirer
le paysage; le salon d'intérieur est bien aménagé;
une grande table et un divan tout autour; çà et
là de nombreux pliants ; les passagers sont
nombreux et appartiennent à toutes les nationalités probablement; nous distinguons, tout de
suite deux ecclésiastiques : l'un assez âgé, très
grand, très droit, très correct de mise; avec un
chapeau à haute forme, un collet violet et de
grandes bottes vernies; il se promène lentement
et posément sur le pont et ressemble à un de ces
vieux lords que j'avais admirés quelques années

____

(1) Le *Monde terrestre* et *passim.*

auparavant à Londres, au parlement de West-
minster; l'autre un peu plus petit de taille, avec
plus d'embonpoint, la figure rose et épanouie,
coiffé d'une casquette de voyage en soie et un
gros cigare à la bouche. Nous faisons connaissance; c'est précisément un curé de Pesth, celui
que nous avions vu l'avant-veille célébrer un
mariage en grand costume épiscopal; l'autre
ecclésiastique est son vicaire.

Il y a un autre prêtre à bord que nous aper
cevons de temps en temps, mais à qui nous ne
parlons pas; il faut d'ailleurs qu'on nous le dé-
signe pour que nous puissions connaître sa qualité; il est, celui-ci, habillé comme tout le monde
et porte un chapeau rond et une formidable
paire de moustaches sans autre barbe; c'est un
prêtre bosniaque. A côté, un groupe d'officiers en
pantalon rouge; on les prendrait pour des Français; plus loin des juifs, les mains dans les
poches de leurs houppelandes graisseuses; là des
paysans croates ou hongrois; des employés allemands; et dans un coin, sur un banc, deux fian-
cés, dit-on, couchés aux pieds l'un de l'autre sans
vergogne aucune.

Le vicaire nous a accaparés et il faut avouer que nous n'en sommes nullement fâchés; c'est un fort charmant homme, qui veut bien aimer beaucoup les Français; il parle un latin très élégant et commence toutes ses phrases par un cérémonieux *Dignetur reverentia tua* auquel nous avons quelque peine à nous accoutumer; il déplore l'indifférence de ses paroissiens pour les sacrements, hélas ! et le nombre toujours croissant des juifs qui envahissent la bonne ville de Pesth ; il nous donne une foule de renseignements.

Nous l'interrogeons sur les nationalités qu'on trouve en Hongrie : Les Hongrois proprement dits sont 7 millions à peu près; ils habitent le centre du royaume, c'est-à-dire la grande plaine de l'Alfoëld et les parties les moins montagneuses. Ils sont généralement catholiques; pourtant un assez grand nombre encore a embrassé la religion réformée. Au nord, dans les Carpathes, la population est slave partout. A l'est, en Transylvanie, on trouve les Valaques qui suivent le rit grec non uni; c'est au fond une population slave, dont la langue a gardé bien des traces de la langue romaine ou latine. L'empereur Trajan occupa autrefois la Roumanie et la Transylvanie *(Edely)*, en l'an 101 ; il bâtit vers cette époque un pont sur le Danube dont on voit les restes encore aujourd'hui ; cette partie de la Hongrie resta attachée à l'empire romain pendant une période de deux cents ans environ ; il est assez naturel qu'elle en ait conservé longtemps la langue. Dans le sud il y a beaucoup de Serbes, en général grecs non unis ; les Allemands sont dans l'ouest et dispersés dans les villes importantes. Il faut encore faire mention des Saxons qui sont venus en Hongrie en 1142.

Les nationalités et les religions se répartissent ainsi :

Nationalités

Magyars	6,206,505
Slaves divers	2,249,913
Allemands	1,881,512
Serbes et Croates	2,318,078
Valaques et Roumains	2,235,832

Arméniens qui habitent quelques villes en Transylvanie

et s'occupent principalement
de commerce   3,523
Tziganes   75,911
Divers   22,199

L'ensemble forme un total d'à peu près 14 millions.

Religions

Catholiques.   7,502,000
Grecs non unis   2,579,048
Protestants ou Réformés . . .   3,135,000
Grecs unis   1,587,585
Juifs.   600,000
Arméniens   5,709
Unitaires.   54,500
Divers   3,714

On appelle unitarienne la secte qui a été fondée au xviie siècle en Transylvanie; ceux qui en font partie sont aussi désignés sous le nom de juifs hongrois, parce qu'ils ne croient pas à la Trinité; ils n'admettent qu'un seul Dieu comme les Juifs.

Tous ces chiffres datent d'au moins dix ans; il

y a eu depuis un nouveau recensement, qui accuserait une hausse assez considérable pour la population en général et en particulier pour les Hongrois proprement dits. Ce mouvement ascensionnel se serait accentué surtout depuis que la langue hongroise est devenue obligatoire dans toutes les écoles et dans l'administration.

De même que le Danube, par sa largeur et ses rives aux aspects variés de plaines et de montagnes, fait penser au fleuve Bleu, de même il rappelle aussi les grands cours d'eau du Céleste Empire, par les mille incidents de la vie quotidienne et tout ce qu'on rencontre sur ses eaux. Ici comme là-bas, on n'a pas fait deux pas, qu'on est tout surpris de voir le fleuve couvert de radeaux, de barques, de moulins fixés sur deux chalands attachés l'un à l'autre; des familles entières vivent ici comme en Chine, sur ce terrain mouvant; on y vient au monde, on y passe son existence, on y meurt.

Voici *Waitzen* ou *Vács*, avec une cathédrale dans le style de Saint-Pierre de Rome; les rives sont littéralement couvertes de hérons au long bec emmanchés d'un long cou; les montagnes commencent à se resserrer autour de nous ; nous passons à *Visegrad*, célèbre par son château, aujourd'hui en ruines, et les souvenirs de l'illustre Mathias Corvin : nous arrivons en vue de *Gran;* le *Strigonium* des Romains, l'*Esztergom* des Hongrois ; — 18,000 habitants, belle cathédrale et résidence du primat de Hongrie. Comme nous avons dîné tout à l'heure, dans le salon, d'un plat d'excellents poissons froids du Danube et d'une bouteille de bière, nous sommes tout yeux et tout oreilles ; notre obligeant cicerone et le curé de Pesth qui, malgé sa haute dignité, n'a ni morgue ni raideur, nous montrent l'élégant palais du primat, tout au bord du fleuve, en face du grand pont de bateaux que nous allons franchir. Le pont est la propriété du primat à qui les paquebots doivent payer un droit, pour pouvoir passer outre. Les revenus de l'archevêque de Gran sont fabuleux : plus d'un million ; les chanoines ont 25,000 francs et une belle maison qui a les apparences d'un palais. Gran est une ville essentiellement sacerdotale et lévitique ; c'est presque le seul endroit où les ecclésiastiques portent la soutane.

L'archevêque actuel de Gran est le cardinal

Jean Simor ; il est prince du saint-empire romain ; ce titre a été donné aux archevêques de Gran par l'empereur Charles III, en 1715 ; les empereurs d'Autriche étaient alors empereurs d'Allemagne et empereurs romains, ils le furent jusqu'en 1806. Les archevêques de Gran obtiennent ordinairement aussi le cardinalat ; ce sont eux qui couronnent le roi ; à leur défaut ce sont les archevêques de Kalocsa.

Les évêques suffragants de Gran sont :

L'évêque de Nyitra, actuellement Mgr Roscoványi.

L'évêque de Vácz, actuellement Mgr Peitler.

L'évêque de Raab, actuellement Mgr Zalka.

L'évêque de Vesprime, actuellement Mgr Kovács. C'est l'évêque de Vesprime qui couronne la reine, dont il est aussi chancelier.

L'évêque de Besztercrebánya, actuellement Mgr Ipolyi.

L'évêque de Pécs, actuellement Mgr Dulanszky.

L'évêque de Székesfehérvár, actuellement Mgr Pauer.

L'évêque des grecs unis de Munkács, actuellement Mgr Kovács.

L'évêque des grecs unis d'Eperjés, dont le siège est vacant.

Le second archevêque est celui de Kalocsa :

Son Eminence, le cardinal Haynald.

Ses évêques suffragants sont :

L'évêque de Csanád, Mgr Bonnaz.

L'évêque de Nagyvarad, Mgr Lipovnyiczky.

L'évêque de Transylvanie, Mgr Lönhardt.

Puis vient l'archevêque d'Eger, Mgr Zamassa.

Évêques suffragants :

L'évêque de Rozsnyó, Mgr Schopper.

L'évêque de Szathmar, Mgr Schlanch.

L'évêque de Löcse, Mgr Császka.

L'évêque de Kassa, Mgr Schuster.

Nous pouvons ajouter à cette nomenclature les noms de plusieurs prélats connus déjà des lecteurs.

L'archevêque de Zagrab ou Agram, son Éminence le cardinal Mihalovitz.

Évêques suffragants :

L'évêque de Diakovár, Mgr Strossmayer.

L'évêque de Zeng-Modrus, Mgr Possilovics.

Enfin l'archevêque des grecs unis de Gynlaf-ehérvár, Mgr Vancza.

Évêques suffragants :

L'évêque de Nagyvárad, M⁣ᵍʳ Pável.

L'évêque de Lugos, Mᵍʳ Mihály.

L'évêque de Szamosujvár, Mᵍʳ Szabó.

Les grecs unis répandus dans toute l'étendue du royaume ont leur archevêque à Carlstadt, comme nous l'avons vu.

« Quelles sont les ressources du clergé, qu'il s'agisse des évêques ou des curés? demandons-nous à notre compagnon de voyage. — Les revenus des évêques, nous répond-il, varient beaucoup; ils proviennent des biens et des terres attachés à chaque évêché; je vous ai à peu près donné une idée du revenu de l'archevêque primat : plus d'un million de francs; les autres prélats sont plus ou moins riches, selon les lieux et les circonstances. A l'origine il n'y avait que dix évêchés en Hongrie; les autres ont été créés successivement selon les besoins; il a fallu les pourvoir et ils ont été naturellement moins favorisés que leurs devanciers.

Auprès de chaque évêché il y a un chapitre, dont les biens sont séparés de ceux des évêques; le revenu des chanoines est aussi très considérable; il peut varier entre dix et cent mille francs.

Quant aux paroisses, ordinairement le curé tire son revenu des biens qui sont attachés à la paroisse; à Pesth, il existe une autre organisation; il est payé par la communauté, qui lui donne une vingtaine de mille francs et 5 ou 6,000 francs pour les vicaires. Il a aussi le casuel des enterrements, des mariages et des baptêmes; ce casuel est assez fort. Les aides des curés ou les vicaires sont logés et mangent chez le curé; le revenu de la plupart ne va pas au-dessus de 400 francs. Ceux qui sont payés par la communauté ou par les patrons des églises ont un millier de francs.

Les curés des endroits importants ont la surveillance sur les autres paroisses; on les nomme *prévôts* et ordinairement ils possèdent le privilège de célébrer la messe avec la mitre; les chanoines, prévôts et curés qui ont reçu, à cause de leurs grands mérites, le titre d'abbé *(apát)*, portent la croix abbatiale et ont aussi le droit de célébrer les saints mystères avec les insignes épiscopaux.

Le clergé, aujourd'hui encore et en plein XIX° siècle, ne cesse pas de jouer un rôle important dans les affaires de Hongrie; ses évêques ont toujours été membres ordinaires de la

Chambre des magnats et ils sont à même de pouvoir donner un grand appui à leur autorité, par les richesses et les biens immenses qu'ils possèdent. »

Ces richesses sont incontestables; les choses se trouvent en Hongrie dans l'état où elles étaient chez nous avant 1789; peut-être même le clergé hongrois est-il plus favorisé encore que le clergé français à cette époque. Voici un palais épiscopal ou canonical qui paraît très confortable, rempli de meubles rares, de livres précieux et d'objets d'art; voici, devant la porte de ce palais, une voiture à deux chevaux qui attend le prélat ou le chanoine pour sa promenade de tous les jours; je ne vois pas qui est-ce qui pourrait trouver à y redire. Ce ne sont pas les Hongrois, soyez-en sûrs; cela ne les étonne pas, cela ne les choque nullement; ce ne sont pas les Anglais, qui possèdent eux aussi un clergé riche; ce ne sont pas les Allemands, ni les Russes, pliés à la discipline, à l'obéissance et au respect de l'autorité; ce ne sont pas les Espagnols, catholiques pratiquants et fervents. Ceux qui trouveront à redire, ceux qui seront choqués, ce seront toujours des Français ; pas tous, mais beaucoup, pauvres, légers, ignorants, isolés, rageurs. C'est qu'ils n'ont pas l'idée en France de ce que peut être un évêque ou un chanoine en Hongrie ; c'est que pour le savoir il faudrait aller là-bas et l'étudier sur place ; or, ils n'iront jamais, parce qu'ils ne pourront pas et surtout, surtout, parce qu'ils ne voudront pas..... et.... ils resteront ignorants, ils resteront légers.

Je n'aime pas beaucoup l'appréciation des théologiens improvisés qui, comme M. Victor Tissot (1), prétendent que jamais l'église hongroise ne s'est donné le titre de *Catholique romaine* mais seulement de *Catholique apostolique*, restant ainsi indépendante de la cour romaine ; je ne les aime pas plus quand ils affirment que les évêques et les prêtres hongrois ont peu de penchant pour le célibat ; je ne les aime pas du tout quand ils ne craignent pas d'aborder la question dogmatique et de faire jeter au panier par les professeurs des Séminaires les décisions du Concile du Vatican, concernant l'infaillibilité du Pape.

____

(1) *Voyage au pays des Tziganes.* Paris, 1881.

Enfin je commence à les prendre en grippe de la belle façon, quand ils s'attaquent aux personnes après avoir parlé des institutions et qu'ils se complaisent à peindre certains tableaux de genre qui témoignent un peu beaucoup d'imagination : ces abbés qu'on rencontre dans les rues accompagnés de femmes, ces moines à qui l'eau bénite doit inspirer une sainte horreur, ces chanoines qui ont bu largement à toutes les coupes avant de vendanger la vigne du Seigneur et qui après avoir servi dans la cavalerie, étudient à la hâte un peu de théologie et en savent toujours assez pour chanter en latin et manger leur prébende! Celui qui raconte ces choses, les a-t-il bien vues ou a-t-il voulu simplement faire de l'esprit de mauvais aloi ?

J'aime mieux l'entendre quand il nous dit que les évêques prennent l'initiative de toutes les œuvres patriotiques de bienfaisance et de charité; que leur budget entretient les écoles, les hôpitaux et les orphelinats; qu'ils sont partout les premiers, dès qu'il s'agit d'instruire, d'éclairer ou de soulager le peuple, et que tel prélat a dépensé en charité, pendant l'espace de dix années, plus de trois millions. Tous les voyageurs sensés qui ont visité ou étudié la Hongrie ont dit la même chose, notamment Townson, Xavier Marmier et, plus récemment, M. E. Marbeau.

Cependant nous arrivons à Neu-Szöny, en face de la forteresse de Komorn, qui se dresse, elle, sur la rive gauche; nous débarquons sur la rive droite pour nous embarquer immédiatement sur un autre paquebot, et cela non sans peine : on fait presque cette opération en dormant; il est deux heures du matin; nous avons quitté le Danube et c'est par une petite rivière bordée de saules et de roseaux que nous arrivons à Raab ou Györ, de grand matin.

VIII

L'ARCHIABBAYE DE MARTINSBERG

Village magyar. — Réception cordiale et princière. —
Vue délicieuse. — Visite à l'archiabbaye. — L'église
Saint-Martin. — La bibliothèque ; une lettre en style
turc.. — Monseigneur Kruesz, archiabbé de Martinsberg.
— Savants bénédictins. — Quelques-uns de nos hôtes
présentés au lecteur. — — Le *Lyceum* de l'abbaye. —
Organisation de l'enseignement et mouvement intellec-
tuel en Hongrie. — Maisons et coutumes hongroises. —
La paix du cloître. — Retour à Raab. — Le collège des
Bénédictins.

Grâce à un lieutenant d'artillerie des plus cour-
tois, les embarras de l'arrivée nous sont évités ;
cet officier polyglotte, comme tous les officiers de
l'armée austro-hongroise, veut bien nous piloter

entre les trois ou quatre mauvaises voitures qui sont là sur la rive, en dehors de la ville, et demander à un cocher de nous conduire à l'abbaye de Martinsberg; le marché est fait dans les prix doux; on nous conduit dans une maison des faubourgs, où l'on change de chevaux et même de véhicule. En route pour l'abbaye des Bénédictins, distante d'au moins trois lieues ! Nous croisons sur le chemin de nombreuses charrettes conduites par des paysans en chemise blanche, large pantalon et veste de peau de mouton; des troupeaux de bœufs poussés par des femmes en triple jupon rouge et en bottes. Il fait froid parce que le soleil est à peine levé, et la couverture dont nous nous enveloppons ne nous garantit guère contre cet inconvénient, pas plus qu'elle ne nous empêche d'être ensevelis sous une épaisse couche de poussière.

Un village se présente; les maisons, blanches et basses, se dressent le long de la route suivie par notre voiture; chaque habitation est séparée de sa voisine; elle s'élève au bout d'une petite cour entourée d'un mur bas ou d'une haie et prend ainsi beaucoup de place; aussi la file de chaumières ne finit plus. Elles semblent très propres extérieurement; peu ou point d'indigènes dans la rue; quelques femmes seulement qui vont chercher de l'eau à la fontaine; des chiens, des chats, des canards et des oies qui se sauvent devant nous. Bientôt l'on aperçoit à l'horizon la colline sur laquelle a été bâtie l'abbaye de saint Martin; nous ne sommes pas trop longtemps avant d'arriver à la montée; nos petits chevaux hongrois donnent un bon coup de collier sur la côte rude et nous voilà rendus à destination.

Dans la grande cour, entourée des larges et hauts bâtiments de l'abbaye, solitude complète; on sonne; un domestique arrive et prend notre valise, puis sans mot dire nous conduit à une petite salle d'attente. Nous connaissons par ouï-dire l'hospitalité proverbiale des Bénédictins de Hongrie et nous sommes complètement rassurés. Le Père prieur arrive et nous souhaite la bienvenue dans ce magnifique latin qui étourdit toujours un peu les oreilles françaises; cependant, nous nous escrimons de notre mieux, en nous efforçant de suivre le plus exactement possible les règles du bon Lhomond, que nous avons étudié si longtemps sans penser combien il nous serait utile et nécessaire à certains jours de notre vie voyageuse.

Le Père prieur nous conduit à nos chambres; de très belles chambres, ornées de tapis, de meubles élégants, de rideaux et de courtepointes en soie qui nous donnent une haute idée de la fortune et de la libéralité de nos hôtes; un domestique entre et dépose sur la table un plateau chargé de ce qui doit faire notre premier déjeuner; un autre apporte une carafe pleine de bière et une boîte de cigares.

Le révérend père prieur accompagne toutes ces largesses d'un engageant *Dignetur* et se retire en promettant de nous envoyer un jeune père qui a séjourné pendant quelque temps en France, pour suivre le cours d'une de nos Universités, et parle couramment notre langue.

Le moment du déjeuner de midi était venu; on vient nous chercher, et après avoir traversé une longue série de corridors aux murs blanchis, nous sommes introduits dans le réfectoire commun. C'est une grande salle aux murailles peintes à fresque, superbement ornée de festons, d'astragales, de trumeaux; une longue table est dressée

au milieu pour les pères bénédictins; d'autres
tables plus petites sont rangées contre les lambris
sculptés et servent aux novices et aux étudiants.
La table centrale est égayée par une longue suite
de candélabres d'argent massif et ciselé, plantés
au beau milieu, et par les cristaux et l'argenterie
placés devant chaque convive. La place d'honneur
est naturellement au haut bout; c'est un fauteuil
destiné à l'abbé, qui pour le moment est un peu
souffrant et garde la chambre; les sièges ensuite
sont ainsi disposés : à droite celui du prieur, à
gauche celui du sous-prieur, puis tous les autres
moines ; mais on a entremêlé les religieux et les
laïques qui ont des fonctions dans le monastère,
et l'on voit là un Bénédictin à côté du maître
de chapelle, ou de l'organiste, ou du régisseur de
l'abbaye. Ces messieurs en redingote noire, avec
leur belle physionomie hongroise, font très bien
dans le tableau, et nous applaudissons à l'idée
de les avoir introduits dans la docte et sainte assemblée. Le repas est bon, très bon même; les
plats abondants et variés sont souvent assaisonnés
avec le poivre rouge, ou *paprika*, condiment qui
joue un grand rôle dans la cuisine hongroise; on

nous sert à la fin un des mielleurs vins de Hongrie, le *somlo* ou *hospodar*, c'est-à-dire le vin *seigneurial*, le vin *maître*. C'est le second, il vient
tout après le fameux *tokay*, et les Bénédictins de
Martinsberg en possèdent le cru; il est là, sur
la pente de la colline que couronne l'abbaye; on
nous le montrera.

On prend le café dans les cellules des pères, et
ce n'est pas seulement le café; ils font apporter
des liqueurs, du *slivovitz* et de la bière de Pilsen
et traitent princièrement leurs hôtes. Quand je
dis les cellules, ce sont de véritables appartements:
salon orné de divans et de tapis, cabinet de travail bondé de livres, chambre à coucher et le
reste; et puis quelle vue, quelle vue splendide des
fenêtres de ces appartements! Victor Tissot qui y
a passé un jour, dit: « Les murs de ma chambre
étaient ornés de superbes tableaux, et ma fenêtre
en encadrait un autre, tel qu'aucun peintre n'en
pourra jamais faire de semblable. C'était une
longue suite de paysages et de sites splendides;
des collines si doucement inclinées qu'elles semblaient faites à main d'homme; des plans harmonieux, bien étagés, fuyant et s'évanouissant

comme dans une brume de rêve; des prairies à
la trame sombre que des prés de trèfle relevaient
d'une broderie ornée de pompons rouges ; c'étaient
d'immenses champs de blé pareils à des lacs d'or
fondu, des vignes, des métairies isolées au milieu
de la plaine ou des villages groupés en amphithéâtre sur un coteau ensoleillé (1). »

Il paraît qu'il y a un dicton hongrois qui dit
que tout ce qu'on peut apercevoir du haut de la
tour de Martinsberg appartient à l'abbaye. Les
richesses de celle-ci sont grandes, mais le dicton
est exagéré, car l'étendue de pays qu'on peut
embrasser à l'œil nu est vraiment considérable:
au nord, la campagne de Presbourg et la cime
des monts Carpathes; à l'est le long ruban du
Danube, Raab, Komorn et Buda; au midi la forêt
de Bakony qui sépare Martinsberg de Füred et de
l'abbaye de Tihany; en tout quatorze comitats de
Hongrie. « On est là, au centre de la vieille
terre classique de la Hongrie.

« Une sérénité suprême, une paix immense, tom-
baeint sur cette étendue incommensurable, semée

______

(1) *Voyage au pays des Tziganes.*

de villes et de villages, coupée de cours d'eau et
de grandes routes, de champs de blé, de champs
de maïs, de trèfle et de colza, chatoyant comme
des mosaïques incrustées de topazes et de rubis.
Moïse découvrant du haut du Sinaï la terre de
Chanaan, n'eut pas la vision d'une terre plus
fertile, plus vaste et plus belle. Une lumière
tendre et joyeuse, la lumière caressante d'une
matinée d'été, faisait ressortir encore mieux la
magnificence de ce tableau (1) ».

Quand on a fumé un nombre raisonnable de
cigares et de pipes turques, — car tout le monde
fume ici; ce serait presque une impolitesse de re-
fuser le calumet de paix, comme chez les Apaches
ou les Comanches; — quand donc la fumée bleue a
été rejoindre celle des nuages qui passent dans le
ciel d'azur, on nous fait visiter l'abbaye.

L'église d'abord, qui a une certaine valeur; le
sanctuaire est plus élevé que la nef centrale; nous
avons remarqué les sculptures d'une porte, vraiment merveilleuses; mais ce qui nous a surtout
frappé, c'est l'ordonnance générale et le soin

(1) *Voyage au pays des Tziganes.*

apporté au mobilier ecclésiastique *(suppellectilia)*: à la chaire à prêcher, aux sièges des officiers, au baldaquin et aux canons d'autel. Les Bénédictins ont tout disposé d'après leur connaissance approfondie de la science liturgique; il n'y a rien dans cette église qui soit contre la moindre des rubriques et au jour des dimanches et des grandes solennités, la pompe des cérémonies, la beauté et l'harmonie des chants et de la musique sacrée doivent être sans égales.

Martinsberg a été bâti sur la colline appelée par les Romains mont Pannonien. Saint Martin naquit vers l'an 315 dans les environs, dans une colonie voisine appelée Sabarie; ses parents étaient païens; le saint fut élevé en Italie, à Pavie; il commença par porter les armes sous Constance, fils de Constantin et sous l'empereur Julien l'Apostat; c'était aussi la profession de son père, tribun des cohortes romaines. Il fut catéchumène de bonne heure, malgré ses parents; tout le monde connaît sa charité et l'histoire de son manteau coupé en deux pour couvrir un pauvre mendiant, un jour de froid, aux portes d'Amiens, dans les Gaules D'après les agiologues, il n'aurait guère reçu le baptême qu'à l'âge de trente-cinq ans; ce serait quatre ou cinq ans après qu'il aurait été ordonné exorciste par saint Hilaire de Poitiers et qu'il serait revenu en Hongrie, au prix de mille travaux et mille souffrances, pour travailler à la conversion de ses parents retirés aux environs du mont Pannonien. Il n'eut pas le bonheur de sauver son père; mais sa mère et un grand nombre de ses compatriotes abjurèrent les erreurs du paganisme. Il revint ensuite en Italie où il se fixa quelque temps à Milan et près de Gênes, puis en France, à Poitiers, où après la mort de saint Hilaire, le peuple l'acclama comme évêque de la ville.

Nous avons l'habitude en France de considérer saint Martin comme nôtre et nous avons raison en cela; mais les Hongrois revendiquent le saint à juste titre et l'entourent comme on voit d'honneurs et de vénération. Le culte de saint Martin en Hongrie date de la plus haute antiquité; en souvenir de son apostolat, Charlemagne lui-même donna le nom de Martin ou Martinsberg, à l'église qu'il éleva sur le mont Pannonien, après avoir expulsé de là les Avares. Le prince Géza père de saint Étienne, jeta les premiers fondements de l'abbaye en 993.

Saint Étienne, assiégé dans Veszprime par les Allemands, ordonna de déployer à la tête de ses troupes l'étendard de saint Martin et remporta contre l'ennemi une victoire éclatante; par reconnaissance pour le saint pontife qui avait protégé ses armes, le roi fit continuer en l'an 1000 le monastère et l'église. Les Bénédictins y furent installés et le généreux bienfaiteur donna à l'abbaye toutes les dîmes à percevoir sur les terres des vaincus et consacra à son service le dixième enfant des familles de tous ses nouveaux vassaux. En même temps il bâtissait d'autres couvents de Bénédictins, entre autre celui de Tihany, sur les bords du lac Bálaton; sans nul doute, ce furent des ouvriers et des artistes italiens ou byzantins appelés par le saint roi qui ont élevé et embelli ces magnifiques maisons religieuses.

Après l'église la bibliothèque : plusieurs vastes salles à haut plafond et qui contiennent, nous dit-on, plus de cent mille volumes; deux pères sont chargés du soin de ce département; celui qui nous reçoit a une belle physionomie intelligente; ses mains sont chargées de papiers et une magnifique chaîne d'or s'étale sur sa soutane.....

probablement qu'un chronomètre de prix y est suspendu ; toujours grands seigneurs les bénédictins hongrois ! riches, pieux et savants. Il y a des collections d'histoire naturelle très curieuses dans la bibliothèque et des manuscrits plus curieux encore, tels que par exemple l'original de la lettre écrite par Ibrahim Aga au commandant hongrois Pisky Istvan, pendant le siège de Tihany par les Turcs sous Amurath III. Nous en citons ce que nous pouvons en citer honnêtement ; car c'est écrit en turc très libre et très leste. Aussi pourquoi le commandant Pisky envoyait-il à l'aga une queue de porc ?

« Animal, méchant chien, ... vagabond ; tel est et tel sera désormais ton nom, Istvan Pisky ! ô bête, giaour ! tu as cru peut-être que j'aurais peur, que je fuirais à Stamboul, que je refuserais de me battre avec toi sur la glace du lac !.....

» Si tu veux, je viendrai demain ou après-demain. Nous resterons seuls sur le lac gelé ; les Magyars ne doivent pas approcher, et nous nous battrons jusqu'à la mort. A la réception de cette lettre, chien de mauvaise foi, méchante bête, tu me répondras à quelle heure tu veux te battre. Je viendrai aussitôt; Allah est avec moi!

» Koppany, le 2 mars 1589.

> Un homme qui n'est pas ton ami, Ibraham Aga, aga impérial à une queue, Turc omnipotent à Endréd.

» Qu'on remette cette missive en mains propres au menteur et à l'animal Istvan Pisky, à Tihany. »

Après la bibliothèque les appartements royaux; les salons, la salle à manger, les chambres à coucher meublés richement, avec de grands portraits de Sa Majesté le roi François-Joseph, de Sa Majesté la reine Élisabeth et des princes du sang. Le roi aime son abbaye de Martinsberg et ses religieux et, quand il vient ici, il sait qu'il y trouvera des serviteurs dévoués qui sont une des gloires de sa couronne de saint Étienne; quand il y vient, il ne fait aussi que changer de palais : tout est prêt pour recevoir des hôtes augustes et aimés.

Puis enfin la salle de physique où l'on nous fait admirer une jolie collection d'instruments et où un jeune professeur nous instruit et nous amuse beaucoup par des expériences variées et toutes nouvelles.

Ce fut seulement quand l'après-midi était déjà avancée, qu'on nous introduisit chez le seigneur de l'endroit, le révérendissime abbé Kruesz. Ce haut personnage habite des appartements somptueux comme ceux qui sont réservés aux évêques et aux grands prélats dont il porte à peu près le costume. Il voulut bien nous recevoir pendant quelques instants et s'entretenir avec nous en français; il nous dit qu'il avait fait à Rome, au Concile du Vatican, la connaissance de Son Émi= nence le Cardinal archevêque de Paris et qu'il aimerait à être rappelé à son bon souvenir. Il nous interrogea sur notre genre de vie et nos œuvres de ministère et après nous avoir demandé si nous étions satisfaits de l'hospitalité de Martinsberg il nous quitta. L'abbé avait reçu un coup de soleil, pendant la précédente procession de la Fête-Dieu, et paraissait en effet fort souffrant.

L'excellentissime et révérendissime seigneur Jean-Chrysostome Kruesz, prélat ordinaire de la très antique, très célèbre et royale archi-abbaye bénédictine de Saint-Martin, en Pannonie (*Pannonhalma*, en hongrois), est aussi archi-abbé de cette abbaye et de toutes les autres abbayes bénédictines et appartenant à la sainte couronne de Hongrie.

De plus Monseigneur Kruesz appartient de droit à la Chambre des magnats; il est conseiller intime de Sa Majesté Impériale, Royale, Apostolique, chevalier de l'Ordre insigne de Saint-Étienne, membre honoraire de l'Académie des sciences de Hongrie pour la section des sciences naturelles, membre de la Commission des monuments historiques, docteur en philosophie et en théologie de la faculté de théologie de l'Université de Buda-Pesth.

Il jouit de revenus considérables comme archi-abbé de Martinsberg; l'archiabbaye est *nullius diœceseos*, c'est-à-dire soumise immédiatement au Siège apostolique, et appartient à l'ordre des Bénédictins du mont Cassin, dont le protecteur est le cardinal Dominique Bartolini, cardinal, prêtre du titre de Saint-Marc.

Comme partout ailleurs, l'ordre de Saint-Benoît a conservé en Hongrie sa réputation séculaire de science sacrée et profane; les moines de Martinsberg entretiennent à leurs frais un *Lyceum* ou école normale supérieure pour former des professeurs de leur ordre destinés à l'enseignement secondaire; ils entretiennent de plus trois grands collèges ou gymnases et trois autres moins importants. Les élèves du lycée de Martinsberg sont préparés au professorat pendant qu'ils suivent le cours de théologie, qui dure quatre ans; mais pour recevoir le brevet de capacité ils doivent passer leurs examens à l'Université de Buda-Pesth.

Ce lycée dont nous parlons ne comprend comme élèves que des Bénédictins. Voici comment sont organisés les cours des séminaires pour le clergé séculier : chaque évêque a un séminaire pour son diocèse; les jeunes ecclésiastiques en sortant du gymnase, ou collège pour l'instruction secondaire, passent l'examen de maturité et suivent un cours de théologie de quatre années. Après l'ordination ils sont nommés vicaires *(káplán)* dans une paroisse; il en est qui ne tardent guère à obtenir la direction d'une paroisse; **d'autres** attendent beaucoup plus longtemps et jusqu'à douze et quinze ans.

Dans le clergé régulier, ce sont les Bénédictins qui jouent le principal rôle en Hongrie; ce sont eux du reste qui ont introduit et prêché les premiers le christianisme dans le pays. Immédiatement après eux viennent les Prémontrés, les Cisterciens et les Piaristes, qui s'occupent aussi d'enseignement secondaire; ces derniers ont le plus d'écoles sous leur direction; les Jésuites enfin ont un gymnase à Kalocsa sous la protection de l'archevêque du lieu.

L'archi-abbé du mont Saint-Martin a juridiction sur huit résidences et sur les trois grandes abbayes de Baconybél, Tihany et Dömölk en Kis-Czell; il nomme ensuite des curés dans vingt-deux paroisses et choisit ceux-ci parmi les professeurs les plus âgés.

Après avoir passé une journée avec ces excellents religieux, nous étions devenus tout à fait leurs amis; ils nous conduisirent le lendemain matin dans leurs vignobles du voisinage et nous allâmes nous promener dans un parc à eux, situé non loin de là. Sous ces ombrages, en respirant ces odeurs de paradis terrestre, en voyant ces vieillards vénérables assis sur de larges sièges de jardin faits exprès pour eux, le bâton à la main, parlant une langue morte, en termes élégants et choisis, sur un ton grave, d'un air sérieux; j'ai rêvé d'un autre âge. Il me semblait avoir devant moi les sept sages de la Grèce, ou mieux encore les sénateurs romains assis sur leurs chaises curules et qui produisirent une si profonde impression sur nos vieux pères les Gaulois, qui les prenaient pour des dieux.

Le temps était venu de faire causer nos hôtes sur leur compte personnel, de leur faire raconter en détail leurs œuvres et leurs travaux, leur histoire; cela n'était pas toujours facile à cause de leur modestie; mais par ce qu'ils nous dirent et par les indiscrétions que nous commîmes alors, nous fûmes en peu de temps au courant de bien des choses.

Les dignitaires de l'archiabbaye sont le prieur, le vicaire et auditeur général des causes, le sous-prieur, le maître des novices, le sous-maître des novices, l'archiviste, le père spirituel, le bibliothécaire, le père chargé de la santé de l'archiabbaye.

Ceux qui s'occupaient de nous spécialement et qui ont mérité la plus large part de notre respectueuse reconnaissance, sont sans contredit les PP. Richard Roszmanith, prieur; il était lecteur en

théologie, assesseur au siège consistorial de l'archi-
abbé, président du jury d'examens du premier
collège ; un homme grave, sérieux, énergique,
d'un grand jugement et d'une haute science.
Venait ensuite le père Corneille Borbely, le sous-
prieur, licencié en théologie, inspecteur général
des écoles élémentaires dépendantes de l'abbaye,
directeur du Lycée de l'archiabbaye, assesseur
au siège consistorial et confesseur ordinaire des
religieuses de Saint-Vincent, etc., etc. La piété et la
douceur étaient le fond de son aimable caractère ;
la bonté rayonnait dans tous les traits de sa figure.
Je ne puis oublier non plus le sous-maître des
novices, le père François de Sales Tomanik,
examinateur du premier collège et professeur de
langue et de littérature allemandes au noviciat.
Lui s'était tout de suite attaché à nous de tout
son cœur sensible et aimant ; il était la bonté
même ; très fort en littérature allemande, il avait
professé cette langue autrefois à Ratisbonne, en
Bavière, et était l'auteur de plusieurs poésies
remarquables. Nous devons aussi faire une mention spéciale du père Augustin Haudek, bachelier
en théologie, professeur d'histoire ecclésiastique

et de droit canon pour les étudiants en théologie, assesseur au siège consistorial, membre de la société d'histoire de Hongrie, examinateur du premier collège; il était jeune encore puisqu'il avait à peine trente ans; il fut notre compagnon habituel pendant tout le temps de notre séjour à l'abbaye et nous pûmes presque toujours nous entretenir avec lui en français. Je lui ai prédit de hautes destinées et crois bien ne pas m'être trompé.

En parcourant les pages du *Schematismus* ou état du personnel des religieux de l'ordre de Saint-Benoît du mont Pannonien pour l'année 1882-83 (1), nous trouvons après la liste des pères dignitaires de l'abbaye et membres du siège consistorial, l'énumération de ceux qui font partie du *Lycée*. Le Lycée comprend une école normale supérieure et deux scolasticats, un pour la théologie et l'autre pour la philosophie.

A l'école normale, nous trouvons huit professeurs pour les sciences suivantes :

1. La langue et la littérature allemande,

(1) *Schematismus religiosorum ordinis S. Benedicti de sacro monte Pannoniæ ad annum 1882-83.* Sabariæ, typis J. Bertalanffy, 1882.

2. La pédagogie,

3. Les antiquités grecques et romaines,

4. L'histoire et la géographie,

5. La langue et la littérature latine et grecque.

6. La physique,

7. Les mathématiques,

8. La langue et la littérature hongroise.

Pour la théologie, cinq professeurs avec les chaires suivantes :

1. L'Écriture sainte,

2. La théologie morale et pastorale,

3. La théologie fondamentale et dogmatique,

4. L'histoire ecclésiastique et le droit canon,

5. La philosophie scolastique.

Pour la philosophie, neuf chaires :

1. La langue et la littérature allemande,

2. La philosophie,

3. La langue et la littérature latine,

4. L'histoire nationale et universelle,

5. La langue et la littérature grecque,

6. La physique,

7. L'histoire ecclésiastique,

8. Les mathématiques,

9. La langue et la littérature magyares.

Le même *Schematismus* est toute une révélation; il nous apprend qu'un grand nombre de Bénédictins sont docteurs en théologie, en philosophie, ès lettres ou ès sciences physiques ou naturelles; d'autres, membres des sociétés savantes de physique, de géologie, etc.; d'autres, conseillers de Sa Majesté Impériale, Royale et Apostolique; d'autres, chevaliers de l'ordre insigne de la Couronne de Fer ou de l'ordre de François-Joseph, etc., etc.

La Hongrie n'aurait que les Bénédictins qu'elle pourrait être fière, à juste titre, du niveau de ses études et de son enseignement. Elle possède, en outre, deux Universités comprenant quatre facultés : la faculté de théologie, la faculté de droit, la faculté de médecine et la faculté de philosophie; ces Universités sont celles de Buda-Pesth et de Kolozsvar ou Klausenburg, en Transylvanie, près des Carpathes.

Le nombre des professeurs ordinaires et extra-ordinaires à l'Université de Buda-Pesth est de 198.

Les étudiants inscrits pour l'année 1883 à l'Université de Buda-Pesth arrivent au chiffre de 3,344: 86 pour la faculté de théologie; 1,616 pour le droit; 1,041 pour la médecine; 324 pour la philosophie; 193 pour la pharmacie; 84 pour le cours de médecine obstétricale.

A l'École polytechnique de Buda-Pesth, en 1882, on comptait 444 élèves; l'État a fait bâtir un nouvel et splendide édifice pour pouvoir loger tous les services et toutes les collections de cette école supérieure.

A l'Université de Kolozsvar, en Transylvanie, le nombre des professeurs est de 54; celui des étudiants de 476.

Ces deux grands établissements d'enseignement supérieur ne sont pourtant pas suffisants et le gouvernement songe à en fonder un troisième; le lieu n'est pas encore désigné actuellement. L'enseignement du droit est le mieux pourvu, car on a établi des facultés dans les villes principales de la Hongrie; on en compte 13.

Enfin, les diverses confessions ont aussi leurs instituts pour l'instruction du clergé et la formation des jeunes prêtres. Sur 50 instituts de ce genre en Hongrie, il y a en 26 qui sont catholiques.

Nous arrivons à l'enseignement secondaire. La Hongrie a 197 écoles secondaires ou gymnases dont 28 sont *écoles réales (Realschulen)*. La différence entre l'école secondaire proprement dite et l'école réale consiste en ceci : dans cette dernière, destinée aux professions industrielles et commerciales, les sciences physiques et géométriques tiennent la plus grande place dans le programme et au lieu du latin on y enseigne le français. Les cours de ces écoles comme ceux des gymnases durent huit années au bout desquelles a lieu l'examen de maturité; ce n'est qu'après avoir suivi ces cours et passé cet examen que les élèves peuvent entrer à l'École polytechnique. Le nombre des professeurs qui enseignent dans les écoles secondaires est de 2,424 (1).

Le territoire du royaume de Hongrie comprenant une étendue de 280,399 kilomètres carrés et une population de 13,728,622 habitants d'après

(1) C'est à l'obligeance d'un de ces professeurs, le Docteur Istvan Chovancsak de l'école réale de Buda-Pesth, que nous sommes redevables de beaucoup de ces renseignements.

une statistique que nous avons sous les yeux, il résulte qu'il y aurait une école secondaire pour 76,699 habitants et sur une étendue de territoire équivalente à 1,566 kilomètres carrés. La comparaison avec nombre d'États voisins serait à l'avantage de la couronne de Saint-Étienne.

En 1883 les registres des écoles secondaires attestent la présence de 38,567 élèves qui ont suivi les cours ; c'est-à-dire un élève sur 356 habitants. L'entretien de ces écoles a coûté 3,312,486 florins.

Quant à l'enseignement primaire, on peut dire qu'il n'y a pas en Hongrie un seul village où il n'y ait au moins une école élémentaire ; dans tout le royaume on en compte 15,922 dont l'entretien coûte 10,643,610 florins ; ce qui fait une école pour 862 habitants. Le nombre des instituteurs et institutrices est de 22,024. On le voit, comme toujours, les chiffres sont bien éloquents.

Les écoles appelées *bourgeoises* ; — il y en a 110 dans tout le pays ; — comprennent un cours de six années ; ce sont des écoles destinées à ceux qui n'ayant pas le dessein d'arriver aux écoles supérieures, polytechnique ou autres, desirent pourtant avoir des notions sur les éléments des sciences et se mettre au niveau de la civilisation moderne ; elles sont fréquentées généralement par des élèves qui veulent apprendre un métier, et 648 professeurs y donnent l'enseiement.

Enfin 72 écoles normales forment des instituteurs et des institutrices pour les écoles primaires.

Nous terminons cette longue énumération en faisant remarquer que dans la ville de Buda-Pesth seulement, il y a une Université, une école polytechnique, une académie de commerce, onze écoles secondaires dont quatre réales, quatorze écoles bourgeoises et cent quarante-huit écoles primaires. Un tel pays a de l'avenir et donne une auréole de gloire à la monarchie.

Nous avions un désir, un grand désir : voir une maison hongroise comme nous avions vu une maison croate ; les bons Bénédictins nous amenèrent au village voisin et nous entrâmes dans la première venue. C'est bien comme l'a dit Tissot (1) : « une petite maison avec le seul rez-de-chaussée,

____

(1) *Voyage au pays des Tsiganes.*

une cuisine soigneusement blanchie à la chaux
chaque printemps et au milieu de laquelle trône
un grand foyer carré de quatre pieds de haut...
les murs sont artistement décorés de beaux plats
fleuronnés, de pots aux couvercles d'étain poli et
de tasses peintes..... Un banc de chêne fixé au
mur règne autour de chaque pièce. Dans un
coin, un lit très bas élève ses coussins de plumes
jusqu'au plafond. Ces coussins, en étoffes de
toutes les couleurs, sont le luxe des maîtresses
de maison hongroises... Une armoire en noyer
renferme le linge tissé... Le poêle de terre, sur
lequel on couche quand il fait très froid, est
un monument; il occupe la place d'honneur.
Un petit miroir, un Christ, une Vierge, une
lithographie représentant François-Joseph en
costume de roi de Hongrie complètent l'ameublement. »

Je parie que toutes les maisons hongroises où
il y a un peu d'aisance ressemblent à celle-ci,
et je suis sûr qu'elles ne diffèrent pas sensiblement des maisons allemandes et même alsaciennes
ou lorraines que je connais par cœur, que j'ai
vues maintes fois. Certes, la maison croate est

plus originale, plus orientale; mais ici tout est propre, absolument propre et fait plaisir à voir. Nous sommes reçus par trois excellentes femmes; l'une, la maman, qui a quarante ans à peu près, veut nous faire causer magyar; c'est alors que mon dictionnaire commence à devenir utile : *Jovane;* je suis content; c'est bien, c'est bon! — puis, je vois du pain et je m'avise de vouloir en manger un morceau : *Kivanoc enni kénier; attione;* je désire manger du pain; donnez-m'en. — On m'a compris; on m'en apporte; je satisfais mon caprice; quelle joie! mais quelle joie pour nos Hongroises de me voir dévorer à belles dents; et quand j'ai dit un gros merci : *Keseneum!* une des deux jeunes filles qui sont là m'emmène au jardin et cueillant une touffe de réséda me l'attache au chapeau. Tout cela se fait bonnement, simplement, patriarcalement; la paix du cœur règne ici; on le sent, on le voit; un beau jeune homme arrive sur ces entrefaites; c'est le gendre de la maman; il nous salue respectueusement et tous nous baisent les mains en partant, nous laissant ravis de cette petite excursion dans les domaines de l'archi-abbé de Martinsberg.

Cela nous donne l'occasion de demander quelques détails à nos hôtes sur les mœurs et coutumes des Hongrois. Pour les naissances, il n'y a pas grand'chose qui puisse mériter une mention; mais les mariages ne se font pas en Hongrie comme partout : point de mariage civil ici; il n'y a qu'une seule cérémonie, celle de l'église. Le mariage entre les personnes qui professent des cultes différents est permis, même avec les Juifs.

À Buda-Pesth, les gens de la ville n'ont point de cérémonies caractéristiques; en sortant de l'église, ils montent en voiture, comme nous les avions vu faire, un jour vers 6 heures du soir, et s'en vont célébrer leur noce chez eux; les salons de noces ne sont point à la mode comme à Paris; les appartements et les logements se trouvant en Hongrie généralement assez spacieux pour que tout le monde puisse s'y retourner à l'aise. Mais en province, les amusements sont bien pittoresques et, très différents selon les lieux.

Il se fait peu de mariages d'inclination, surtout à la campagne : une jeune fille doit posséder quelque bien; un jeune homme avoir bonne tournure et

beaux habits brodés; cela suffit ; l'affaire sera
facilement conclue par les entremetteurs, et tout
à fait comme j'ai vu les choses se passer en Chine
ou au Japon. La veille du mariage, le fiancé
vient avec ses amis chercher le coffre en bois
peinturluré qui contient le trousseau de sa future
et on le conduit chez lui avec force démonstrations et grand accompagnement de pétards et de
vivats. Préalablement, après les fiançailles, les
bans ont été publiés à l'église, jusqu'à trois fois ;
les parents alors, le jour du mariage, s'assemblent
avec les amis dans la maison de la fiancée où se
rend aussi le futur ; de là on va à l'église. La fiancée,
conduite par un garçon d'honneur, est vêtue de
blanc et porte sur la tête une couronne; elle
marche devant le cortège des amis et des parents.
Après la cérémonie, dont la partie la plus intéressante consiste dans l'échange des bagues ou
alliances, les nouveaux mariés, au bras l'un de
l'autre, sortent de l'église et se rendent à la maison du mari, presque toujours aux sons vibrants
de la musique des Tsiganes. Le banquet de noces
qui dure jusqu'à minuit est inévitablement suivi
de la danse nationale, la *csárdás*.

Ce ne sont pas là les seuls divertissements des paysans hongrois : pendant l'hiver ils en ont un qui mérite d'être signalé; il a lieu dans la soirée, le jour où l'on tue le cochon; on l'appelle en magyar *Disznó-tor*. Tous les parents, tous les amis, toutes les connaissances sont invités à un repas de circonstance, dans lequel on mange des grillades sans fin. Les enterrements, comme dans bien d'autres contrées, sont aussi toujours suivis d'un repas funèbre : *Halolti-tor;* en revenant du cimetière, toute la famille se réunit dans la maison du défunt pour célébrer sa mémoire dans le plus profond silence. Du reste qu'on cause ou qu'on ne cause pas, on peut dire, en général, que nulle part il n'y a peut-être autant de banquets qu'en Hongrie; pas une chose importante ne se concluerait sans un repas, *inter pocula*.

Le soir était venu; nous étions rentrés; nous avions dîné ; je ne sais pourquoi ni comment je m'étais trouvé un peu indisposé; la faible nature humaine est ainsi faite; elle ne peut supporter qu'une certaine somme d'impressions, de joies ou de peines. Ce n'étaient point des peines; j'étais

sans doute fatigué et malade de joie et de con-
tentement. De quels soins touchants, je dirais
presque maternels, les bons religieux ne m'en-
touraient-ils pas? Je me vois encore ce soir-là
dans une belle et confortable cellule, assis sur
un divan, entre le sous-prieur et ce père, le poète
au cœur tendre, que ses confrères en religion
appelaient familièrement *Salesius*, François de
Sales. J'avais devant moi, sur un guéridon, un
beau service à thé en porcelaine et nous devisions
doucement tous les trois, en dégustant la liqueur
dorée et fumante « qui devait, disaient-ils, me
faire le plus grand bien ».

Le père Sales Tomanik avait apporté un de ses
volumes de poésie, charmant déjà par le titre :
Ein Sträusschen aus Ungarns Dichtergärten (1).
« Une guirlande de fleurs! » et il m'en lisait et
traduisait des passages choisis; celui-ci, par
exemple, adressé à son père défunt, je crois :
« O père, reçois cette guirlande de fleurs; tu
chantes avec les anges, et moi je chante avec les
poètes, etc., etc..... » Mais voilà qu'en tournant

---

(1) *Wien et Gran. Verlag von Carl Sartori, Päpstlicher und Pri-
matial Buchhändler, 1868.*

les feuillets moi-même, mes yeux tombent sur la première page du volume et je lis une dédicace ; qu'on me permette de la transcrire ici malgré tout ce qu'elle pourrait avoir d'élogieux pour celui à qui elle s'adresse et qui récuse volontiers l'éloge pour le reporter sur le poète qui avait écrit ce joli quatrain :

> *Ut tibi sincerum quo te colo tester amorem,*
> *Docte vir! hoc a me pignus amoris habe.*
> *Non pignus dantis, sed respice cor redamantis,*
> *Cor cape, cor dono, cor cape corde bono*
> *Offerentis tibi libellum.*
>
> In s. monte Pannoniæ
> XI. kal. Julias 1882.

Oh! bons et aimables pères! ce n'est point la liqueur chaude et dorée et chère aux Chinois qui me guérissait, qui me réchauffait ; c'étaient vos douces paroles et votre chaude affection. Puisse mon souvenir et ma reconnaissance aller jusqu'à vous, jusqu'à chacun de vous, et vous dire que je me rappellerai longtemps, longtemps, Martinsberg et ses hôtes!

Tic-tac! tic-tac! la grande horloge agite son

balancier monotone et sonne l'heure trois fois
dans le grand silence des cloîtres et de la nuit;
elle dit : Paix, paix ; paix du cœur et de l'âme!...
Je m'endors et le lendemain matin au réveil, je
boucle ma valise, il faut partir... il faut partir!...
Nos amis sont sur le perron de la cour d'honneur;
nous les embrassons, nous leur serrons les mains,
nous leur disons adieu et nous montons non plus
dans une ignoble voiture de louage, mais dans
un landau aux armes de l'archi-abbé, attelé de
quatre chevaux fringants, conduits par un magnifique cocher en habit hongrois : dolman bleu et
brandebourgs et passementeries blancs. Un équipage princier et digne de Martinsberg ! Il y a
mieux : le prieur nous a donné pour guide et
compagnon notre ami le P. Haudek, qui a revêtu
pour la cérémonie un élégant cache-poussière en
soie grise et arbore un chapeau rond. Cette course
jusqu'à Raab s'effectue gaiement et nous passons
devant la maison de campagne de l'évêque de
cette ville qu'on aperçoit à travers les arbres de
son jardin : il n'a pas quatre chevaux à sa voiture, lui ! comme nous sommes fiers ! Comme
nous le sommes encore quand, en entrant dans

la ville, un beau général s'approche de nous pour serrer la main au père; c'est un ami du révérendissime abbé Kruesz, et il va tous les dimanches lui faire une visite à Martinsberg.

L'hospitalité princière des Bénédictins nous suit bien au delà des limites de leur abbaye; notre compagnon est chargé de nous conduire au gymnase de Raab, dirigé par les religieux de son ordre; nous passerons la nuit là et le lendemain matin seulement nous partirons pour Vienne En arrivant, nous ne trouvons d'abord personne au collège, ce qui nous permet d'aller jeter un coup d'œil sur la ville avant le dîner. Raab a une physionomie de ville allemande; ce n'est déjà plus la Hongrie; il y a un parc public près de la rivière qui va se jeter au Danube, comme on sait; dans le parc, des brasseries, des femmes seules qui boivent leur choppe, attablées devant tout le monde. Raab est une ville militaire; on rencontre des soldats partout; on y voit aussi des magasins de pipes turques à chaque pas. Tout le monde fume ici plus que jamais, et cela donne à notre compagnon l'occasion de nous raconter, dans un café, comment tel recteur d'université en France

voulut l'empêcher de fumer, lui, un Hongrois!
L'histoire à la vérité se termina sans gloire pour
le malencontreux interdicteur et le corps profes-
soral dut lui démontrer que l'intolérance était **un**
péché démodé à notre époque; mon Dieu! pourquoi les Français sont-ils si peu libéraux!

En rentrant au collège l'économe nous accueille
avec cordialité et ne manque pas d'étaler devant
nous trois belles boîtes de cigares pleines. Nous
allons au réfectoire où tous les professeurs sont
réunis et où le même accueil bienveillant nous
est réservé; après le dîner, où la conversation ef-
fleure tous les sujets et la politique internationale
surtout, les longues pipes turques réapparaissent,
et la fumée bleue monte vers la voûte en spirales
gracieuses et en nuages qui sentent bon.

Malgré ces façons dégagées, il serait malvenu
et se tromperait étrangement celui qui s'imagine-
rait avoir devant lui les premiers hommes venus.
Voici le père Claude Vaszary, supérieur de la résidence et directeur du grand gymnase; il est de
plus membre de la société historique de Hongrie,
représentant de la ville de Raab et a une foule
d'autres titres encore... Voici le père Anien Jed-

lik, docteur en philosophie, conseiller de Sa Majesté Impériale, Royale, Apostolique, chevalier de l'Ordre insigne de la Couronne de fer, recteur magnifique de l'Université de Buda-Pesth, membre honoraire de l'Académie des sciences et membre perpétuel de la société des sciences physiques..... Nous avons là à nos côtés dix-sept autres savants bénédictins, professeurs du gymnase de Raab, qui compte 454 élèves. Le directeur nous reçoit un instant dans un très beau salon et nous le quittons émerveillés de tout ce qu'il nous a dit et appris. Après une excellente nuit passée sous cet autre toit si hospitalier, le lendemain nous étions de nouveau conduits en grand équipage jusqu'à la station de chemin de fer où nous prenions nos billets pour Vienne: notre voyage en Hongrie était accompli.

IX

VIENNE

Aspect de la capitale autrichienne. — La cathédrale Saint-Étienne. — Le *Prater*. — Les grands boulevards du *Ring*. — Les monuments neufs du *Ring*. — Autres édifices. — Le Trésor impérial au *Burg*. — La Fête-Dieu au palais. — Le *Volksgarten* : la musique à Vienne. — Les environs de la capitale : Schönbrunn. — Coup d'œil sur l'histoire de la maison de Lorraine : les ancêtres de l'Empereur d'Autriche. — Sa Majesté François-Joseph 1er. — Le musée du *Belvédère*. — Le siège de Vienne en 1683. — Victoire de Sobieski. — Une visite au château de Frohsdorf.

Nous voici dans la cité impériale; nous sommes à la gare du Midi *(Süd Bahnhof)*, et nous allons par les rues, notre valise à la main. Rien n'est délicieux comme l'arrivée dans une ville inconnue;

rien n'est aussi séduisant que les impressions premières. Pas de voiture! pas d'omnibus! pas de cocher! nous voulons prendre la première auberge venue; ce ne sera pas l'*Hôtel Impérial*, ni le *Grand Hôtel*, ni le *Métropole Hôtel;* ce sera une bonne et simple auberge viennoise : la Croix d'or, *Goldenes Kreuz;* elle est inconnue, à peine mentionnée dans les Guides; cela nous est parfaitement égal; en sortant de la station, nous avons pris naturellement le quartier devant nous, *Wieden;* nous nous sommes engagés dans *Favoriten Strasse;* en tirant toujours à gauche, nous sommes passés devant une église, nous sommes tombés sur *Haupt-Strasse;* c'est là, à la bifurcation des deux rues; nous sommes installés au plus bas prix : un florin et demi; c'est pour rien, et dans tous les cas moins cher qu'à Paris.

Suivons *Haupt-Strasse:* voici un marché à notre gauche; à notre droite, une école évangélique et l'École polytechnique; un peu plus loin dans la même direction, l'église Saint-Charles avec sa coupole, son portique corinthien et ses deux hautes colonnes; elle est très originale cette église bâtie par Fischer d'Erlach, en 1716, après la peste de Vienne. Ce pont devant nous sur la Vienne, c'est le pont Élisabeth, orné de statues comme le pont Saint-Ange à Rome. Quelle est l'impression? Celle d'abord que pourrait produire une ville de province..... mais attendons un peu: après le pont la rue s'élargit considérablement; les maisons sont hautes et belles; tout à coup, nous tombons sur une immense avenue plantée d'arbres : *Ring Strasse;* à droite *Karnthner-Ring* (Ring de Carinthie); à gauche *Opéra Ring* et le Grand *Opéra* tout près : c'est merveilleux; c'est Paris; c'est peut-être mieux que Paris.

Avançons toujours dans l'intérieur par la *Karnthner-Strasse*, bordée de beaux magasins, et nous arrivons place Saint-Étienne *(Stefans Platz)* et à la cathédrale du même nom. Où sommes-nous encore? — Au centre grandiose de toute la cité.

« Ce centre, a dit un des rares auteurs qui aient écrit depuis vingt-cinq ans quelque chose sur l'Autriche et Vienne (1) ; ce centre c'est la flèche de Saint-Étienne qui resplendit au loin lorsque les rayons solaires font briller l'étoile d'or placée

____

(1) *Vienne   sa Banlieue*, par Newlinski. — *Le Tour du Monde*, 1881.

au-dessus de la croix et qui domine de sa masse
imposante la ville et les campagnes. Autour de
ce splendide joyau de l'art gothique, viennent
aboutir tous les rayonnements qui se répandent
de là dans toutes les directions. La place Saint-
Étienne est le point de départ d'une foule d'omnibus et de voitures publiques, non seulement
pour les faubourgs mais pour la banlieue. La ville
en se développant n'a pas modifié son plan primitif. Le monument élevé par la foi des anciens
âges au Dieu des chrétiens, conserve toujours le
privilège d'être à la fois le centre topographique,
le point de ralliement et la plus belle parure de
a grande cité. L'histoire de Vienne ne serait
pas écrite là, pierre par pierre, dans ce poème
sublime, que les splendeurs architecturales, si
frappantes pour les yeux les moins artistes, nous
y inviteraient suffisamment. De pareils monuments ne peuvent laisser indifférents ceux qui les
contemplent. »

C'est le duc Rodolphe IV qui posa, en 1354, la
première pierre de Saint-Étienne ; Charles-Quint
y est venu chanter un *Te Deum* après sa victoire
sur les Turcs ; Mathias Corvin, Ladislas le Pos-

thume, Marie-Thérèse y sont venus tour à tour et y ont déposé leur couronne impériale ou royale devant celui qui fait régner les rois. Admirable monument par ses arceaux, ses rosaces, ses verriè-res, qui sont du plus pur gothique, par sa chaire richement sculptée, par son chœur immense, par sa chapelle d'un goût sévère, par ses tombeaux et ses statues nombreuses, par sa flèche d'une prodigieuse hauteur (136 mètres), par sa toiture singulière en tuiles de diverses couleurs. Quand nous y entrâmes, il était midi, et quoique ce fût un jour ordinaire, l'espace qui s'étend immédiatement devant la grille du chœur au milieu de la nef, était littéralement envahi par une foule nombreuse qui semblait prier Dieu avec une grande ferveur. Cette piété des Viennois nous réjouit fort en nous montrant que la foi est encore vive dans les villes de la catholique Autriche, malgré tous les obstacles et toutes les séductions qui pourraient venir à l'encontre.

Un coup d'œil maintenant sur le fameux tronc d'arbre tout couvert de clous, *Stock im Eisen*, encastré dans la devanture d'un magasin voisin, et qui marque l'ancienne limite de la forêt qui entourait la ville il y a longtemps; un coup d'œil aussi sur la place du *Graben*, un ancien fossé qui, après avoir été comblé, est devenu le rendez-vous du monde élégant et a été orné d'une pyramide surchargée de statues et d'ornements en mémoire de la cessation de la peste en 1682. Nous revenons après sur la place, et sans nous laisser émouvoir par les superbes cochers qui nous sollicitent en nous montrant du doigt leurs très confortables voitures, nous passons derrière le chevet de Saint-Étienne, où nous trouvons la rue *Wolzeile* qui nous mène à la Poste centrale en nous faisant passer par la vieille Université, où il y a grande foule pour je ne sais quelle réception, et devant la jolie église de Sainte-Barbe des Grecs unis.

Après avoir retiré nos correspondances, descendons vers la grande caserne François-Joseph, que nous voyons d'ici; nous arrivons sur le Ring; quittons-le un instant pour y revenir tout à l'heure, le canal qui va au Danube est à côté; il faut passer sur l'*Aspern Brücke*, s'engager dans *Prater Strasse* et l'on arrive au Bois de Boulogne de Vienne.

C'est le *Prater* au bout du quartier de *Léopold-stadt*, le quartier des Juifs et de la finance ; c'est le Prater, la promenade chérie des Viennois ; ils sont ici chez eux, et les classes peuvent se confondre ou se séparer à volonté, car nous avons d'un côté le Bois, le véritable Bois de la fashion élégante et son interminable allée où les équipages peuvent circuler à l'aise et pendant longtemps, en se dirigeant vers le champ de courses ; de l'autre côté, le *Volks Prater*, le Prater du peuple où celui-ci vient prendre ses joyeux ébats. Il s'y trouve, du reste, tout ce qu'il faut pour cela ; des brasseries, des guinguettes, des panoramas, des théâtres forains, des tirs à la cible, des chevaux de bois, des balançoires, des jeux de boules, de quilles, de paume et le reste. Nous voulûmes goûter des plaisirs viennois, et après avoir mangé des gâteaux et absorbé un immense bock à la brasserie, nous nous dirigeâmes vers un tir à la carabine. Une douzaine de pipes cassées, des sonnettes qui s'agitaient à tout instant, des soldats de bois qui tombaient entre les bras de cantinières en carton témoignèrent assez de notre incroyable adresse et de notre coup d'œil sans pareil.

De retour au Ring, on monte en tramway pour faire le tour de la Cité. Il est temps de dire ce que c'est que la Ring Strasse. Comme son nom l'indique, c'est la rue *en anneau;* c'est une suite de grands, larges et magnifiques boulevards qui courent autour de la Cité en la séparant des faubourgs. A Paris nous avons la Cité, puis la ville proprement dite, traversée sur la rive droite par la ligne des boulevards, et sur la rive gauche par le boulevard Saint-Germain ; nous avons en outre une ligne circulaire de boulevards extérieurs qui ont été construits à la place de l'ancien mur d'octroi et qui séparent nettement la vraie ville des faubourgs et des quartiers populaires. Rien de pareil dans la capitale de l'Autriche. La Cité autrefois était entourée de remparts et de glacis ; c'est à l'empereur François-Joseph Ier que Vienne doit sa transformation. En 1859 tous les remparts ont disparu pour faire place à des boulevards, et l'empereur en a fait l'inauguration solennelle le 1er mai 1863. Depuis lors, le règne actuel a été pour la capitale le signal de nombreux embellissements et d'une prospérité sans exemple jusque-là. C'est bien à cette heure qu'on peut répéter le dicton populaire : « *Es gibt nur eine Kaiserstadt; es gibt nur ein Wien;* il n'y a vraiment qu'une ville impériale, il n'y a qu'une Vienne au monde! »

La zone annulaire touche par ses deux extrémités au canal du Danube; c'est une étendue de près de quatre kilomètres, bordée de maisons, d'hôtels et de palais modernes et merveilleux; les boulevards du Ring ont cinquante mètres de large, des trottoirs, une chaussée pour les voitures, une autre pour les cavaliers. Nous ne dirons pas qu'on y rencontre les splendides magasins des boulevards de Paris : à Paris, pressés les uns contre les autres, ces boutiques et ces cafés luxueux forment peut-être, en raison de leur nombre, une ligne un peu trop uniforme; ici, il y a moins de magasins, d'étalages; mais les édifices, les places et les jardins se succèdent, s'entremêlent avec une grande variété d'aspect, qui tient le promeneur en haleine et lui procure à chaque pas de nouvelles surprises. De plus, et voilà où la différence avec Paris s'accentue, les anciens faubourgs de Vienne au delà de ses boulevards ne sont nullement habités par la classe infime, mais forment autant de riches quartiers magnifiquement bâtis et parsemés d'églises, de palais et de monuments publics et somptueux, tout nouvellement érigés avec un goût qui ne s'est pas démenti une seule fois. On peut dire que Paris et Vienne sont les deux plus belles villes du globe ; et je crois que lorsque cette dernière aura parfait la série de ses embellissements, il sera difficile de se prononcer pour attribuer la supériorité à l'une ou à l'autre. Bien des gens ont été frappés d'étonnement, quand ils se sont rendus à la récente exposition du Prater ; ils ne s'attendaient pas à voir la ville qu'ils ont vue.

Voici la suite des édifices publics et jardins qu'on rencontre en partant du pont d'Aspern par la ligne de tramways circulaire : le Musée d'art et d'industrie, la caserne François-Joseph, le Théâtre de la ville, le Parc de la ville arrosé par la Vienne, le beau café du Kursaal, la place Schwarzenberg, la statue équestre du prince feld-maréchal de ce nom, le palais Schwarzenberg, le grand Opéra, — qui contient 3,000 spectateurs et qui est une merveille d'acoustique, — le Conserva-toire de musique, l'Académie de commerce, le palais de l'archiduc Albert, le Théâtre de la Cour, le Burg ou palais impérial avec le jardin de la Cour, la porte de la Cour donnant accès sur une place immense précédant le palais et ornée de statues, le Jardin du peuple (*Volksgarten*), le Musée des arts, le Museum d'histoire naturelle, le Palais de justice, le Parlement (*Reichsrath*), l'Hôtel de ville *(Rathhaus)*, l'Université, l'église votive, vrai joyau d'architecture, la plus belle église de Vienne après Saint-Étienne —, la direction de la police et la Bourse; ces deux derniers monuments sur le Ring des Écossais.

Vienne est divisée en neuf arrondissements : 1° la ville intérieure et le Ring, 2° Léopoldstadt, 3° la Landstrasse, 4° Wieden, 5° Margarethen, 6° Mariahilf, 7° Neubau, 8° Josephstadt, 9° Alsergrund. Plusieurs de ces quartiers l'emportent en étendue et en population sur la cité elle-même, dont ils sont les anciens faubourgs : la Landstrasse a 82,000 habitants; Neubau, 76,000; Wieden, 70,000. En 1754 la population totale était de 175,000 âmes; en 1800 elle était de 260,000, en 1875 de 674,000; elle est aujourd'hui de 1,050,000 habitants, en comptant les communes limitrophes de la banlieue. Des édifices considérables ornent, de distance en distance, la ville au delà du Ring: ce sont la Douane, l'Hôtel des Invalides, la Halle centrale, la Monnaie, l'Institut géologique, l'École vétérinaire, l'École d'équitation, les musées du Belvédère pour la peinture et les antiques, le *Theresianum*, collège destiné à l'éducation des fils d'officiers, la Bibliothèque impériale, l'Institut des sourds-muets, l'église des Lazaristes; — nous avons déjà mentionné l'église Saint-Charles et l'École polytechnique —. Les gares des chemins de fer du Nord ou de Ferdinand, du Midi, des chemins de l'État et de l'Ouest ou d'Élisabeth sont monumentales. Aux environs de la gare du Midi s'étendent les immenses et colossales constructions de l'Arsenal, embrassant un espace de trente-trois hectares; c'est là que sont établis les ateliers d'équipement de l'armée autrichienne, la manufacture d'armes et la fonderie de canons du célèbre et regretté inventeur et général Uchatius.

On n'a point de temps à perdre à Vienne et le voyageur ne risque pas d'être dévoré par le *spleen;* après avoir pris une connaissance générale de cette ville, belle entre toutes les belles, il faut voir les détails et se laisser pousser par ses attraits personnels ou suivant les circonstances; le mieux est de ne pas trop se presser, d'aller en flânant, de se livrer au dieu Hasard, qui vous ménage d'heureuses et agréables surprises. Que ferons-nous aujourd'hui? nous irons d'abord à notre restaurant proche de l'Opéra; nous y déjeunerons; après quoi nous visiterons le *Burg* ou palais impérial.

Le *Burg* est dans la cité, mais sur la limite et par conséquent près du *Ring;* ce n'est point le Louvre avec ses lignes d'architecture et ses proportions majestueuses et régulières, mais c'est aussi beau que le *Buckingham Palace* de Londres; et si l'on veut se donner la peine de chercher un peu, pas beaucoup, on y trouvera des choses admirables comme par exemple la porte de la cour suisse (*Schweizerhof*), la salle des Chevaliers, la salle du Trésor.

« Le Trésor impérial est ouvert deux fois par semaine au public..... Quand l'heure sonne, l'épaisse porte de fer roule sur ses gonds, comme celle d'Haroun-al-Raschid et le regard s'arrête émerveillé sur toutes les vitrines pleines de pier-

reries qui brillent comme des éclairs, qui étin-
cellent comme des poussières de soleil, qui scin-
tillent comme des feux follets. On se croirait à
l'entrée des mines de Golconde ou sur le seuil du
souterrain radieux d'Aladin. Tous ces flamboie-
ments et ces nuances se fondent dans un éclat
harmonieux comme si on les voyait à travers le
prisme d'un rêve. Voilà des monceaux de pier-
reries, des diamants à remuer à la pelle, qui ressemblent à des étoiles cristallisées ; des topazes,
des émeraudes, des rubis, qui forment comme
des bouquets de feux d'artifice ; voici la couronne
que portaient les archiducs d'Autriche quand ils
allaient se faire couronner à Francfort : elle a
coûté 700,000 écus ; le globe impérial, le sceptre
en or massif, qui porte le monogramme de Mathias ;
la couronne de diamants de l'impératrice, qui a
coûté 1,500,000 florins... Les ordres de la Toison
d'or, la croix de l'ordre militaire de Marie-Thérèse,
de l'ordre royal de Hongrie, de l'ordre de Léopold, les nœuds d'émeraudes et de rubis, les colliers
de roses en brillants, les épingles... les boucles,
les aigrettes... On croirait passer en revue la
garde-robe de quelque roi indien, issu du Soleil.

Les yeux papillottent devant cet éblouissement (1).»

C'est aussi là qu'on voit les reliquaires et les joyaux du saint Empire romain, les riches évangéliaires, les manteaux de couronnement, les tuniques des princes et des hérauts d'armes, les épées finement travaillées et les vases d'or et d'argent.

Ce n'est que dans les occasions tout à fait extraordinaires que l'on tire d'ici toutes ces richesses et tous ces trésors, lors d'un couronnement, d'un sacre, d'un mariage; alors, la cour impériale déploie un faste et une pompe qui conviennent à son antique et fière devise : *Austriæ est imperare orbi universo.* Nulle part en effet on ne trouverait une ville ou une cour pour rivaliser en splendeur et en magnificence avec la cour d'Autriche; or cette splendeur, cette pompe, elle les met pourtant une fois l'an aux pieds du Roi des rois et du Sacrement de nos autels, le jour de la Fête-Dieu. Devant le dais marchent les soldats précédés des trompettes militaires, le clergé, les écuyers, les pages, les chambellans, les chas-

______

(1) *Vienne et la Vie viennoise,* par Victor Tissot.

seurs et les laquais ; puis derrière, l'Empereur et son état-major ; les officiers de la cour, la garde impériale, les membres de la Chambre des seigneurs, les magnats, les députés, les hauts fonctionnaires de tout rang. C'est un fouillis étincelant d'or et d'argent, d'aiguillettes et de brandebourgs, de panaches et d'aigrettes, de velours et de soie ; un tapis d'Orient aux mille couleurs mis sous les pas de Dieu qui passe ; l'hommage le plus digne, le plus élevé qu'on puisse Lui rendre sur notre pauvre terre.

Il est quatre heures : nous sommes près du Volksgarten ; c'est le jardin du peuple ; mais un peuple charmant, bien vêtu, bien élevé, gai, propret, gentil, un peu nonchalant : comment dirai-je? *gemüthlich*. Cherchons ce mot dans le dictionnaire, nous trouverons : doux, tranquille, agréable, paisible, simple, candide, sentimental ; *gemüthlich* c'est tout cela, c'est Vienne, c'est le Viennois et la Viennoise ; charmant caractère en vérité ! et qui, venant s'ajouter au décor de la ville, attire et retient l'étranger. J'aime la nature avant tout ; les arbres, les bois, les feuillages, les eaux vives ou dormantes, les grands horizons, les beaux

rivages; j'ai peur de la poussière et du bruit des
villes..., et Vienne ne me fait pas peur, et je me
trouve bien ce soir au Volksgarten. Pas de voitures
dans les allées du jardin; tout le monde va à
pied; beaucoup sont assis sur des chaises élégantes le long des allées; les toilettes et les
uniformes passent au milieu des groupes; voici
une jeune fille grande, belle, à jupe courte, à
manches courtes qui vient donnant le bras à une
pauvre petite compagne boiteuse et la guide avec
une sollicitude maternelle; tout le monde les
regarde.

Mais j'entends là-bas, sous les ombrages, les
premiers coups d'archet, et les beaux officiers et
les coquettes promeneuses s'élancent de ce côté.
Un joli pavillon s'élève dans un coin, en bor-
dure sur le Ring; il sert à l'installation de l'orchestre et aux consommateurs qui veulent être
à couvert; car il s'agit ici d'un café concert, et
quel concert! Des affiches annoncent qu'Édouard
Strauss, le grand Strauss, de l'illustre famille des
Strauss, fils de son père et frère de son frère,
dirige ce jour-là l'orchestre; il ne vous en coûte
qu'un florin pour entrer dans l'enceinte réservée.

Toujours dans la même enceinte, une musique militaire vient de prendre place en face du pavillon où se tient Strauss. Et en avant les violons, les basses, les harpes et les violoncelles ! c'est une folie, une frénésie de musique ; Vienne est en joie jusqu'à onze heures du soir ou minuit : vingt mille violons ou pianos lancent maintenant dans la ville leurs accords vers le ciel ; c'est vraiment ici la patrie de Haydn, de Mozart, de Beethoven et de Schubert, la patrie de la musique. Un cigare, une chope de bière et un violon et le Viennois n'a plus rien à envier à Adam et Ève dans le Paradis de délices.

Heureuse ville ! heureux habitants ! quand ils sont rassasiés de musique et d'harmonie, ils n'ont qu'à monter dans un tramway et qu'à se laisser aller ; le tramway les dépose sûrement tout au bout de sa course dans un frais vallon, au milieu d'un paysage délicieux et pittoresque ; c'est au Kahlenberg, c'est au Léopoldsberg, où campa l'armée de Sobieski en 1683, c'est Dornbach, Döbling, Mariabrunn, Weidlingau, Purkersdorf, Hietzing, Mödling, Schönnbrunn.—Schönnbrunn ;

m'y voici, et je ne suis pas peu surpris de voir une résidence qui unit la majesté royale à la grâce champêtre ; un bel édifice aux lignes bien régulières qui possède à ses fenêtres des volets verts tout comme une modeste maison de campagne bourgeoise. Pas de barrière, pas d'enclos ; le peuple est ici chez lui ; il va, il se promène partout sans entraves ; cela est beau, et nous sommes un peu trop accoutumés en France aux jardins réservés. Quand on a été visiter la ménagerie, où il y a des lions qui rugissent terriblement, et les serres du Brésil, où on se croit transporté sur les rives de l'Amazone, on longe le bassin de Neptune et, par une série de pelouses en pentes douces, on monte à ce portique qu'on appelle la Gloriette et d'où la vue s'étend au loin sur le *Wienervald* entre les Alpes et les petites Carpathes. Les environs de Vienne sont aussi beaux, aussi frais, aussi boisés et aussi courus par les citadins que les environs de Paris.

Schönnbrunn fait penser au pauvre duc de Reichstadt, à l'infortuné Napoléon II, recueilli par ses parents maternels, aimé, soigné et consolé dans sa grande et touchante infortune ; et si nous parcourions les quatorze cents chambres du château, nous y trouverions plus d'un souvenir qui nous rappellerait la France. Mais, pour chercher des compatriotes, je n'avais pas besoin de me reporter à ces années terribles où la volonté de fer d'un empereur français faisait et défaisait à son gré les alliances politiques, sous l'œil de la divine Providence qui mène les hommes et les peuples à leurs destinées, quoi qu'ils fassent. Non, j'étais chez moi ici; en Autriche, je n'ai pas été un étranger.

Est-ce parce que j'ai retrouvé dans les armes impériales les alérions héraldiques de ma province natale? Est-ce parce qu'un Lorrain ne peut oublier que l'auguste souverain qui règne à Vienne et à Schönnbrunn est le descendant de l'illustre maison qui pendant plus de sept cents ans a possédé la Lorraine? Est-ce parce que mon âme de prêtre s'est trouvée à l'aise en voyant la religion fleurir dans ces contrées bénies de Dieu et surtout au sein de cette admirable famille de Habsbourg-Lorraine, modèle de toutes les vertus chrétiennes et domestiques? Le lecteur sait déjà la réponse et tous les sentiments qui s'agitaient dans mon cœur.

En parcourant les salles du Burg à Vienne ou les allées de Schönnbrunn, j'aimais à repasser mon histoire de Lorraine, et je songeais à ces nobles ducs qui surent tout à la fois être des héros et les pères de leur peuple, tenir tout ensemble bien haut leur épée et leur cœur. C'était René II, monté sur le trône à vingt-deux ans et vainqueur du redoutable Charles le Téméraire, tué sous les murs de Nancy; administrateur habile, époux de cette Philippe de Gueldre qui, devenue veuve, se fit simple religieuse clarisse, remplissait les fonctions de portière du couvent et signait ses lettres : « Pauvre ver de terre, poussière mortelle, rien inutile. »

C'était Antoine, appelé le plus souvent *le bon duc Antoine*, formé dès son enfance à toutes les vertus par les exemples et les leçons de son noble père René, qui lui répétait les paroles de la reine Blanche à saint Louis : « Mon fils, j'aimerais mieux vous voir mort que coupable d'un seul péché mortel. » Antoine de Lorraine était, dit un chroniqueur du XVIe siècle, « ung très homme de bien, prince d'honneur et de conscience, beau de visaige et d'âme, et n'y avoit guères bonne maison à Nancy qui n'eust son pourtraict ». Allié du roi François Ier, de l'empereur Charles-Quint et médiateur ordinaire entre ces deux potentats, quand il mourut, il fut pleuré de la Lorraine entière.

C'était Charles III, dit le Grand, qui gouverna la Lorraine pendant soixante-quatre ans et porta sa grandeur et sa prospérité à leur apogée; il fut le fondateur de la célèbre Université de Pont-à-Mousson, qui compta jusqu'à quinze cents étudiants; il donnait chaque jour six heures d'audience et après s'être prononcé en faveur de la Ligue, il mourut en adressant ces belles paroles à son fils, qui allait monter après lui sur le trône ducal : « Mon fils, je vais entrer dans la voie de toute chair. Aimez et craignez Dieu sur toutes choses, conservez la concorde entre vos frères et les princes de votre maison et la paix avec vos voisins. Je vous laisse un État tranquille; je vous recommande mon pauvre peuple ».

C'était Henri le Bon, prince d'une dévotion extraordinaire, envers l'auguste Mère de Dieu, dont l'image est sur le grand étendard de Lorraine avec cette inscription : « *Ave gratia plena* ». Le duc Henri laissait prendre sa vaisselle et ses meubles quand il n'avait plus d'argent à donner aux pauvres, et si on lui reprochait sa libéralité, il répondait : « C'est le péché originel de notre maison. »

C'était Charles IV, le Guerrier. Nommé par l'empereur d'Allemagne, Ferdinand II, généralissime de la ligue catholique, il lutta pendant la guerre de Trente ans contre le roi de Suède Gustave-Adolphe, contre Richelieu et fut un vaillant prince malgré ses malheurs.

C'était le pieux Charles V, général en chef de l'armée impériale, vainqueur des Turcs avec Sobieski au siège de Vienne. Il battit les Infidèles trente et une fois, prit cinquante-trois forteresses; et Louis XIV put dire de lui en apprenant sa mort : « Je viens de perdre le plus grand, le plus sage et le plus généreux de mes ennemis. »

C'était Léopold, qui eut, lui, toutes les qualités qui font les grands princes; pieux, brave, lettré, charitable, il repeupla et enrichit son duché désolé par une guerre de soixante-dix ans. « Je quitterais demain mon pouvoir, disait-il, si je ne pouvais faire du bien. — Si mes peuples sont pauvres, je ne serai jamais riche. — Je meurs sans autre douleur que de n'avoir pas servi Dieu avec autant de fidélité que je le devais et de n'avoir pas travaillé au bonheur de mon peuple avec autant de soin que je le pouvais ». Il fut aimé, il fut pleuré longtemps après sa mort, et son exemple a contribué à former un fils qui devait arriver aux plus hautes destinées.

En effet François III, son fils, épouse Marie-Thérèse d'Autriche, fille de l'empereur d'Allemagne Charles VI. François est lui-même élu empereur d'Allemagne en 1745, il prend le nom de François Ier et devient ainsi la tige de la maison de Lorraine-Habsbourg qui occupe présentement le trône impérial. L'empereur François-Joseph Ier est le descendant au quatrième degré du fils de Léopold, et je me souvenais encore avec quel enthousiasme nous l'avions accueilli dans la bonne ville de Nancy il y avait quinze ans, lorsqu'il passait dans nos rues pour aller visiter les monuments de la cité, — dont quelques-uns, comme la splendide église de Saint-Epvre, existent grâce à sa munificence, — et le Palais ducal où habitèrent ses ancêtres, et la chapelle funéraire où ils dorment leur dernier sommeil.

Ce sont bien nos princes lorrains, dont je viens d'esquisser l'histoire et le caractère, qui ont fait en partie François-Joseph ce qu'il est; c'est leur sang noble et généreux qui coule dans les veines de l'empereur d'Autriche; nous avons vu plus haut déjà ce qu'était son frère bien-aimé et à jamais regretté, l'empereur Maximilien : grand esprit, cœur aimant. François-Joseph est un lettré, lui aussi; il chérit la littérature, la musique, les arts; il possède une bibliothèque privée qui témoigne de l'étendue de ses connaissances et de son goût délicat. Il se lève de grand matin et travaille dans son cabinet jusqu'à une heure avancée de la journée; il préside le conseil des ministres avec une régularité exemplaire, dirige les débats avec calme et sait donner son opinion d'une façon nette et précise. Son goût pour les exercices violents de la chasse et de la guerre est connu; il est né général puisqu'en 1849, à peine monté sur le trône, il dut venir en personne au siège de Raab et conquérir à dix-sept ans sa couronne de Hongrie. Ses portraits nous révèlent encore un monarque à la prestance imposante et majestueuse, mais en même temps à l'air doux et

bon, au regard empreint de rêverie et d'une cer
taine mélancolie qui fait de lui le type accompli de sa race et devient la haute expression du
caractère national.

Son peuple l'aime; je devrais dire : *ses peuples*
ont de l'affection pour lui et pour tous les siens;
les Hongrois vantent en effet leur souveraine,
l'impératrice Élisabeth, vaillante et grande, bonne
et dévouée; tous les Autrichiens sont fiers de leur
famille impériale; dans cette heureuse et nombreuse famille, les cœurs sont unis, l'harmonie
règne, les qualités et les vertus sont le propre de
tous et de chacun; on peut vraiment dire d'elle
ce qu'on a dit de la maison actuelle de France et
des princes d'Orléans : « Ici tous les hommes sont
braves, toutes les femmes sont chastes. » Ne demandez à personne à Vienne ce que sont les frères
de l'empereur : les archiducs Charles-Louis et
Louis-Victor; tout le monde connaît leur science
militaire, on serait étonné de la question; n'in-
terrogez point sur le prince héritier, l'archiduc
Rodolphe, marié récemment à la fille du roi des
Belges, l'aimable princesse Stéphanie; le jeune
archiduc est la copie vivante de son auguste père

au physique et au moral, l'espoir de la monarchie austro-hongroise.

Ne quittons pas Vienne sans avoir visité le musée du Belvédère; nous y verrons que la musique n'a pas fait oublier dans cette ville la peinture, et que celle-ci tient dans les arts la place qu'elle mérite. Le vaste palais du Belvédère, construit en 1693 par le prince Eugène de Savoie, est un beau monument, avec des tours ornées de coupoles, dans le haut d'un joli jardin qui va en pente jusqu'à une annexe où l'on a placé les collections apportées du musée d'Ambras près d'Inspruck.

Si Munich possède un grand nombre de Rubens, on peut dire que le Belvédère contient la série la plus importante des œuvres du grand peintre, installée dans les plus magnifiques salles qu'on puisse voir. Je ne ferai qu'un reproche au musée: peut-être n'est-il pas assez central; mais si on l'installe sur le Ring, il n'y aura plus rien à dire.

On ne niera pas à la Hongrie qu'elle a un peintre de grand talent. Tous les Parisiens ont pu admirer le fameux tableau de Munkaczy, l'année dernière; tous connaissent aussi le sympathique peintre viennois Hans Makart, né en 1840 à Salzbourg et élève de Piloty, dont nous avons admiré les toiles à la Pinacothèque de Munich. Makart à vingt six-ans avait déjà produit des chefs-d'œuvre. En 1878, il mit le comble à sa réputation en exposant son célèbre tableau historique : *l'Entrée de Charles-Quint à Anvers.*

En retournant encore une dernière fois à la cathédrale, nous passons par l'église Saint-Charles, où on va célébrer un service funèbre. Le défunt est apporté dans un cercueil splendide, recouvert de draperies et porté par une trentaine de serviteurs vêtus d'habits noirs chamarrés de broderies d'argent ; ce grand apparat et ce déploiement de luxe indiquent le rang et la qualité du mort et montrent que Wieden est un quartier aristocratique. D'autres serviteurs portent des torches allumées autour de la bière ; le clergé reçoit le corps à la porte de l'église et dans l'intérieur ; la messe commence avec un gros bruit de trombones et de pistons.

Non loin de Saint-Étienne se trouve l'église des Capucins et le caveau impérial ; cent huit membres de la maison des Habsbourg y reposent côte à côte, et les religieux capucins en ont la garde depuis l'année 1622; les entrailles des princes de la famille régnante sont déposées à Saint-Étienne; les cœurs, à l'église des Augustins ou de la Cour; ils sont renfermés dans des urnes d'argent. Cette dernière église a encore les tombeaux du maréchal Daun et de l'empereur Léopold III avec celui de la duchesse de Saxe-Teschen, fille de Marie-Thérèse, un des chefs-d'œuvre de Canova. J'avais vu à Venise le tombeau du grand sculpteur; on l'a copié identiquement sur le mausolée de Vienne.

La vieille cathédrale nous attirait sans cesse; cette fois, on y célèbre la messe capitulaire, au moment où nous entrons : les chanoines ont un superbe costume violet qui les ferait volontiers prendre pour des évêques; ils portent la croix pectorale, ont droit au bougeoir et à d'autres privilèges encore. Je remarquai qu'on officiait mieux à Saint-Étienne que dans la plupart des églises allemandes que j'avais visitées jusque-là. Le peuple était toujours aussi nombreux près de la grille du chœur, toujours aussi fervent.

On ne peut guère se dispenser de monter à la tour de la cathédrale, d'où l'on jouit d'une vue splendide et d'où l'on aperçoit les champs de bataille d'Essling et de Wagram. Les Viennois pouvaient suivre depuis là-haut toutes les péripéties de ces luttes sanglantes, comme ils avaient autrefois surveillé les mouvements d'un ennemi bien autrement terrible : l'armée turque revenant sur la capitale de l'Empire, il y a juste deux cents ans, en 1683.

« Les Tatars couvraient la rive droite du Danube, incendiaient les faubourgs de Vienne... les premiers escadrons du grand vizir Kara-Mustapha touchaient les murailles de la capitale... le grand-vizir lui-même s'avançait à marches forcées avec 300,000 hommes et 300 canons, décidé à passer par-dessus tous les obstacles.....

L'Empereur avait confié le commandement et la défense de la ville au comte Ernest Rüdiger Stahremberg et reçu du maire André Liebenberg et du Conseil municipal le serment de se défendre jusqu'à la mort ; il avait aussi choisi un comité de défense composé de six dignitaires : Stahremberg, commandant en chef ; le général comte Gaspard Zdenko Kaplirz, d'origine tchèque, président de ce conseil ; le comte F. Max. Mollard, maréchal du pays ; le chancelier du gouvernement Oswald

Hartman Huttendorf, èt les deux conseillers auliques Aichbüchel et Belchamp, braves gens qui dirigèrent avec la municipalité la belle défense de la vaillante cité pendant soixante-deux jours d'un siège meurtrier.

Les fortifications étaient dans un état déplorable. à la hâte Stahremberg répare les murailles et les remparts, achève les défenses extérieures. Les troupes manquaient : le duc de Lorraine, conservant à peine quelques escadrons, renforce la garnison de toute son infanterie. Il était temps : le 13 juillet l'armée ottomane paraît sous les murs de Vienne, se répand autour de la ville;... le 14 ses batteries ouvrent un feu foudroyant et la cité est investie de toutes parts... Cependant Charles de Lorraine ne reste pas inactif; il s'efforce de retarder le moment suprême, harcèle l'ennemi et maintient la liberté des communications, principalement sur la route de Pologne... Il adresse message sur message à Sobieski.....

« Vienne est pour moi d'une telle importance, répondait le roi Jean Sobieski au duc Charles, que je place son salut au-dessus de celui de Cra-

covie, de Lemberg, de Varsovie ; jour et nuit, tous mes instants sont consacrés au relèvement, avec l'aide de Dieu, de la cause du christianisme, qui court un tel péril par la chute de cette ville... »
Il quitta Cracovie le 15 août.

Les troupes polonaises comptaient 34,000 hommes et 28 canons ; le duc Charles se trouvait disposer d'environ 35,000 hommes et 20 canons. Les Français aussi étaient accourus prendre leur part de cette grande lutte : le marquis de Beauveau de Maligny, le prince de Carignan-Soissons, l'abbé de Savoie, qui fut plus tard le prince Eugène, etc.

Le 5 septembre l'armée polonaise entière est réunie sur la rive du Danube ; le 9 les Impériaux la rejoignent. Jean ordonne le passage immédiat du fleuve à Tuln et à Krems ; les Polonais marchent les premiers, étonnant leurs alliés par la magnificence des armes, le luxe des costumes, la beauté de leurs chevaux.

Le 10 septembre l'armée s'engage dans les défilés du Kalenberg ; le 11 au soir elle campe sur la cime de la montagne, d'où un signal de feu porte l'espérance au cœur des assiégés, tandis que l'artillerie polonaise commence à tonner contre les assiégeants. Le jour n'avait pas encore paru que le roi entendait la messe, communiait et recevait avec l'armée, du capucin Marco d'Aviano, la bénédiction du souverain Pontife.

L'action s'engagea à l'aurore naissante : Jean avait lui-même rédigé en français le plan de la bataille; rien n'avait été laissé au hasard. Tel était l'ordre de combat des troupes :

Jean Sobieski, roi de Pologne, commandant en chef.

Aile gauche : duc de Lorraine. — 1er corps d'infanterie, Impériaux et Saxons : le comte Caprara, le prince Louis de Bade et le prince de Salm. — 2e corps d'infanterie, Impériaux et Saxons : le prince Herman de Bade, le duc de Croy, Louis de Neubourg. — Infanterie saxonne: Georges III, électeur de Saxe, Fleming-Reuss. — Cavalerie polonaise et saxonne : Lubomirski. — 8 canons.

Centre : le prince de Waldeck. — Infanterie de Frankonie et des cercles de l'Empire : le prince de Waldeck, le feld-maréchal Golz, le màjor général Reuss. — Infanterie de Bavière : général Degenfeld, Sternau, Pressing, etc. — Cavalerie des Impériaux et des Bavarois : comte Caraffa, baron de Bayreuth, etc. — Le marquis de Beauveau, sergent de bataille. — 8 canons.

Aile droite : le grand hetman Jablonowski. — Infanterie polonaise : Katski, Denhof, Wielopolski, etc. — 1er corps de cavalerie : Sieniawski, Tarlo, F. Potocki, Galecki, etc. — 2e corps de cavalerie : Jablonowski, Wisniowski, Zamoyski, etc. — Gardes du roi : Polanowski; prince de Saxe-Lauenbourg. — 12 canons.

L'armée s'ébranle en lignes serrées : elle sort des gorges du Kalenberg, s'avançant en bon ordre à travers un terrain difficile... Kara-Mustapha, de son côté, donne le signal de l'attaque; il commande un assaut général contre la ville, dont les défenseurs, réduits à 4,000, luttent bravement, et en même temps lance ses bataillons contre l'aile gauche de l'armée chrétienne; mais les Impériaux et les Saxons combattent avec une vigueur peu commune; l'ennemi, débusqué, est poursuivi de ravine en ravine; les hussards polonais le sabrent à travers la plaine.

Le centre et l'aile droite achèvent leur mouvement sans être inquiétés; à onze heures les Polonais arrivent enfin sur le terrain. Une immense acclamation des Impériaux accueille ces hardis soldats, déjà illustrés dans tant de batailles; ces cris de joie répandent la terreur parmi les Infidèles.....

La lutte se fait plus vive..... Kara-Mustapha dirige tous ses efforts contre les Polonais; 30,000 cavaliers et 3,000 janissaires se précipitent contre l'aile droite..... Les cavaliers polonais sont repoussés.....

Mais Sobieski a vu le péril; il accourt auprès des siens. Vêtu d'un habit bleu à la polonaise, le brave roi monte un cheval alezan; sa cotte de mailles en acier poli est parsemée de petites croix d'or; devant lui marchent un écuyer, portant un grand bouclier aux magnifiques ciselures, et un enseigne, qui, pour faire reconnaître la place où combat le roi, a attaché un panache au bout de sa lance. Jean arrive : sa présence rétablit l'équilibre; l'armée chrétienne triomphe sur tous les

points, se développe librement dans la plaine...
Il était quatre heures; sur toute la ligne une
nouvelle bataille s'engage plus terrible. Sobieski,
à la vue du progrès de ses troupes, n'a pas hé-
sité : là est le camp resplendissant de richesses,
défendu par un profond ravin, devant lequel se
déploient de nombreux bataillons musulmans;...
Sobieski commande l'attaque : Jean engage son
centre et les troupes de Charles de Lorraine; lui-
même pousse droit devant lui, renverse les masses
ennemies, que son regard étincelant terrifie, fond
sur la tente du vizir : tout a fléchi sur son passage;
l'étendard du Prophète gît à ses pieds. Les escadrons polonais franchissent bride abattue le ravin,
donnant tête baissée dans les rangs de l'ennemi.
Rude et sanglant fut ce dernier choc; mais déjà
l'ennemi n'est plus; le grand-vizir a fui, son armée est dispersée : un esclave présente au héros
polonais le cheval et les étriers d'or de Mus-
tapha. Sobieski envoie aussitôt un courrier à
Cracovie auprès de la reine, pour lui offrir ces
dépouilles du vaincu. « *Veni, vidi, et Deus vicit !* »
écrivait-il.

La croix a triomphé, les destinées de Vienne

et de l'Empire sont fixées, la chrétienté délivrée
chante les louanges de son sauveur (1).»

Les Turcs eurent 15,000 hommes tués, les
chrétiens 4,000; les blessés furent nombreux; un
grand nombre de captifs, un immense butin, des
armes précieuses, toute l'artillerie, le camp tout
entier de l'ennemi, tombèrent entre les mains
des vainqueurs; l'étendard de Mahomet fut envoyé
par le roi de Pologne au souverain Pontife pour
bien affirmer la défaite des Infidèles et la victoire
définitive des chrétiens.

Ceci se passait il y a juste deux siècles. Vienne
sauvée et à jamais affranchie de la terreur inspirée
par l'islamisme et la barbarie, va cette année faire
placer sur le Kalenberg une table de marbre avec
cette inscription commémorative :

« De ces monts, le 12 septembre 1683, Jean III
Sobieski, roi de Pologne, général commandan
pour l'Empereur, le duc de Lorraine Charles V,

1) *La Délivrance de Vienne par Jean Sobieski.* — (Bulletin litté
e et scientifique de l'Association des anciens Élèves de l'Ecole
onaise. 20 août 1883.)

les électeurs Jean-Georges III de Saxe et Maximilien-Emmanuel de Bavière, le prince Georges-Frédéric de Waldeck, les margraves Herman et Louis de Bade et les autres généraux, avec les armées de l'empereur, auxquelles s'étaient jointes les armées de secours allemandes et polonaises, s'élancèrent à la délivrance de la ville de Vienne, accablée par les hordes musulmanes pendant un siège de 61 jours. — En reconnaissance de cette glorieuse victoire des armées alliées. — La ville de Vienne, le 12 Septembre 1883. »

— *Alea jacta est!* Je pars seul, devant pour retourner chez moi, prendre une autre route que mon compagnon. J'ai bien vu Vienne et je la connais maintenant incomparablement mieux que Paris; j'ai voulu voir jusqu'à ses verrues, le quartier juif; ça été pour la fin, mais j'y ai été bien scandalisé : c'était un samedi, jour de sabbat; les boutiques de la *Judengasse* étaient ouvertes; on y vendait et on y achetait. *Proh pudor!*

J'ai repris le *Südbahn* et vais rentrer en France par Gratz, Marbourg, Franzenfeste et Munich.

Je m'arrête à Wiener-Neustadt pour aller à Frohsdorf, où j'irai visiter le château du comte de
Chambord. La voie se bifurque en trois embran-
chements à Wiener-Neustadt; faute de m'être bien
renseigné, et sachant seulement queje devais
m'arrêter à la prochaine station, je prends la ligne
d'Œdenbourg-Kanizsa au lieu de prendre la ligne
d'Aspang et je descends à Neudörff au lieu de
descendre à Klein-Wolkersdorf, station beaucoup
plus rapprochée du château que la première.
Il me faut marcher pendant trois bonnes heures
avant d'arriver au but. La route est pittoresque,
serpentant à travers les collines, au milieu
des bois profonds, des ruisseaux limpides, des
petits hameaux aux maisons propres, gaies,
coquettes. Au fond du paysage les grands pics de
montagnes et les cimes neigeuses : le Sœmmering et le Schneeberg avec les taches sombres
des sapins.

J'arrive au château : un portier armé du sabre,
une sorte de gendarme domestique comme les
cawas de Turquie, m'ouvre la barrière en bois
qui donne entrée dans le jardin qui s'étend devant
la façade. Au point de vue artistique et archéo-

logique, ce bâtiment massif n'a rien de remarquable; mais l'intérieur, en dehors de la belle collection des maîtres italiens rapportée de Venise, mérite qu'on s'y arrête.

Sous le porche, surmonté d'un écusson fleurdelisé, une victoria est attelée; déjà une dame y est installée; un homme y monte aussitôt : il porte toute sa barbe, son œil clair et vif illumine un visage où rayonnent l'honnêteté, la bonté, l'intelligence, la race. Je n'ai pas besoin de rien demander; je sais que j'ai devant moi M. le comte et Mme la comtesse de Chambord : je salue en toute hâte; le comte soulève son chapeau, la comtesse s'incline, la voiture s'en va. C'est une vision qui devait pour toujours rester gravée dans mon souvenir et que je ne devais plus jamais revoir.

Un valet de pied français me conduit à M. le baron de Raincourt, qui me reçoit parfaitement et regrette que je ne puisse attendre le retour du comte de Chambord, parti pour sa promenade quotidienne. Immédiatement il se met à ma disposition pour me faire visiter le château. La chapelle italienne est très simple; on y remarque

la tribune où le prince vient entendre la messe
tous les jours. Ses appartements se composent de
sept pièces seulement : une petite salle, dite salon
des oiseaux, toute garnie de vitrines, contenant des
oiseaux rares empaillés et des massacres de cerfs.
Dans un angle une statue équestre de Louis XIV,
belle réduction de la statue qui est à Versailles
dans la cour d'honneur du palais; dans un autre
angle, une tête d'Henri IV en bronze, celle, me
dit-on, qui appartenait à la première statue placée
sur le Pont-Neuf à Paris.

Puis un grand salon, dit salon rouge, avec des
meubles en acajou recouverts de tapisseries passées.
Toutes ces tapisseries ont été brodées par des
mains royales durant les longues heures de l'exil.
Au-dessus de cet ameublement, des tableaux de
Vanloo représentant Louis XV, Charles X;
quelques Greuze, un admirable et célèbre portrait de Marie-Antoinette par Lebrun, portrait
qui porte encore à la place du cœur le coup de
baïonnette que lui donna un sans-culotte dans
la journée du 10 août 1792. Dans des vitrines,
les livres d'heures des rois de France, le
masque d'Henri IV, les souliers que portait

Louis XIV le jour de son sacre, des cadeaux faits par des députations.

. Ensuite une salle de billard, au tapis fleurdelisé. Après cette pièce vient un grand salon, dit salon gris, de la couleur de son ameublement et de ses tentures, et qui forme l'angle des ailes gauche et sud du château. Cette pièce, de forme carrée, est éclairée par quatre fenêtres; deux sur le parc et deux sur le jardin réservé. Dans un angle, un beau buste de marbre blanc du comte de Chambord, par le sculpteur Verret. Sur la cheminée, également en marbre blanc, une pendule et une garniture Louis XVI. Au centre, une table ovale. Sur les murs, les tableaux italiens rapportés par Monseigneur de son palais Cavalli, à Venise. Partout des étagères avec des statuettes, des bronzes. De cette pièce, on passe dans le cabinet de travail, la chambre à coucher du prince et celle de sa femme, qui occupent l'aile du sud faisant face aux montagnes.

Il y a ici, paraît-il, cent cinquante personnes à loger, soit au château, soit dans ses dépendances; cette petite population domestique forme une paroisse royale qui n'est point soumise à la

juridiction épiscopale ; deux aumôniers adminis-
trent cette paroisse ; je les rencontre tous deux dans
le parc superbe qui s'étend derrière le château En
me faisant traverser le salon rouge, mon *cicerone*
bienveillant me dit : « Nous ne faisons point re-
nouveler ces meubles défraîchis, car nous nous
attendons tous les jours à rentrer à Paris! » — Hélas!
Monsieur le baron, vous ne pensiez guère, ni moi
non plus, que ce noble prince si beau de santé,
si bon de cœur, si grand par la race et l'infortune,
à une année de distance serait étendu là sans vie,
dans ce même salon rouge, sur un lit de parade,
le grand cordon bleu du Saint-Esprit en sautoir,
le drapeau de Charette l'ombrageant de ses plis,
après avoir souffert pendant de longs mois dans
ce salon gris à côté, ou sous cette large tente-mar-
quise à raies rouges, dressée en face, sous les
grands marronniers du jardin réservé. — L'homme
propose et Dieu dispose! Jamais notre vieux pro-
verbe ne fut plus vrai!

Retour par une route délicieuse qui longe le
jardin d'un couvent; retour par le Sœmmering, où
je passe de nuit, et par le Tyrol, en compagnie

d'un ingénieur serbe qui professe une grande sympathie pour la France, mais boude l'Allemagne
et l'Autriche en même temps. L'ingénieur n'y
trouve rien de bon; par contre, en Serbie, tout
va bien: le pays est charmant, le vin est exquis,
les gens sont aimables. Quand je fus à bout
de patience, je quittai mon coupé-lit pour aller
dans la logette du chef de train; là-haut, on
dépasse de toute la tête le sommet des wagons
et l'on peut jouir de l'aspect fantastique de
ce grand serpent noir courant au clair de la
lune, sur le flanc des pentes abruptes, le long
des précipices.

Je revis Volders avec un nouveau plaisir; de
Kufstein à Munich, je descendis des montagnes
au milieu du tonnerre et des éclairs, comme Moïse
au mont Sinaï; deux jours après, j'arrivai à Paris
brisé et moulu, mais heureux et content d'avoir
vu un pays neuf. S'il est, en effet, un pays original
par son aspect, ses mœurs diverses, ses coutumes,
sa langue, son costume; religieux par ses démonstrations de foi et de piété, ses établissements
catholiques; libéral dans son caractère et ses

institutions; s'il est un pays sympathique à l'étranger et au Français; s'il est un pays au monde que je désire revoir et que je reverrai : c'est celui qui s'étend entre les Alpes et les Carpathes.

TABLE DES MATIÈRES

Paris. — J. Mersch, imp. 22, Pl. Denfert-Rochereau. -

LA MISSION DE JEANNE D'ARC
Par Frédéric GODEFROY

Lauréat de l'Académie franç. et de l'Académie des Inscript. et Belles-Lettres

Ouvrage illustré d'un portrait inédit de la Pucelle en chromolithographie, tiré d'un manuscrit du xv⁰ siècle, de 14 encadrements sur teinte, de frises, ornements et culs-de-lampe de la même époque, et de 14 compositions originales imprimées en camaïeu de *Claudius Ciappori-Puche.*

Un splendide volume in-4. Prix broché : **80 fr.**
Reliure spéciale, dos en chagrin, riches ornements dorés : **40 fr.**

L'Académie française a décerné à cet ouvrage le prix Monthyon.

Laissez-moi vous féliciter, comme d'une bonne fortune, du choix de votre titre, et aussi de la façon dont ce titre, chose rare! donne tout ce qu'il promet. On suit la pensée principale de votre livre dans toute la trame du récit; on ne la perd pas de vue à travers les dissertations littéraires et bibliographiques auxquelles vous vous livrez; on la retrouve surtout dans les derniers chapitres qui la condensent et la résument.

Vous souvenez-vous, mon cher ami, des fêtes du 8 mai 1869, à Orléans? Oui, sans doute, puisque vous en parlez dans votre livre. Il me semble même que vous y étiez. J'y étais aussi avec ceux des Evêques de France dont le diocèse avait été illustré par quelqu'un des actes de la vie de Jeanne d'Arc. Ce fut l'évêque d'Orléans qui fit le panégyrique, avec quelle éloquence, je n'ai pas à vous le rappeler; mais, à la distance de neuf années, ce qui me frappe en ce moment, c'est que votre livre me paraît être lecommentaire de ce mémorable discours.

C'était l'héroïsme de la vertu chrétienne que le grand orateur saluait dans Jeanne d'Arc, après avoir raconté quelques années auparavant, dans la même circonstance et à la même place, l'héroïsme de son courage. A la suite de l'histoire de ses hauts faits, il fallait l'histoire de son âme.

Ai-je bien compris votre dessein, mon cher ami, et n'est-ce pas aussi l'histoire de l'âme de Jeanne d'Arc que vous nous avez donnée, en y ajoutant les développements que ne pouvait comporter un discours? « *Il n'est pas ici-bas*, dirai-je à la suite de votre illustre guide, *il n'est pas ici-bas de plus grande étude que celle des âmes.* » C'est par ce côté surtout que vaudra votre beau livre.

Toute autre louange pâlirait auprès de celle-ci; pourtant, la justice m'oblige à en ajouter encore une. J'ai le devoir de ne pas oublier que votre livre, si hautement recommandable par la pensée élevée et fortifiante qui s'en dégage, a de plus un genre de mérite dont l'éloge est presque un lieu commun quand il s'agit de vous, tant vous nous avez habitués, dans vos précédents ouvrages, à une excellente tenue de style. Par là, vous avez ajouté à votre réputation d'érudit celle de littérateur, et de littérateur dont la place est marquée à la suite de la nomenclature que vous faites dans vos livres des écrivains de ce temps. Après le livre de la Mission de Jeanne d'Arc, ne peut-on pas dire que les travaux qui se sont occupés de notre héroïne sont définitivement terminées? Quant à moi, je doute que les recherches de la science puissent ajouter de nouvelles pages à des livres comme celui de M. Wallon et comme le vôtre. (*Extrait d'une lettre adressée à l'auteur par Mgr Foulon, archevêque de Lyon.*)